镇江市发展和改革委员会 ——编

春风又绿江南岸

镇江低碳十年发展报告

江苏大学出版社
JIANGSU UNIVERSITY PRESS
镇江

图书在版编目(CIP)数据

春风又绿江南岸：镇江低碳十年发展报告 / 镇江市
发展和改革委员会编. — 镇江：江苏大学出版社，
2023.10
ISBN 978-7-5684-2049-5

Ⅰ. ①春… Ⅱ. ①镇… Ⅲ. ①区域经济发展－研究报
告－镇江 Ⅳ. ①F127.533

中国国家版本馆 CIP 数据核字(2023)第 193741 号

春风又绿江南岸——镇江低碳十年发展报告

Chunfeng You Lü Jiangnan An——Zhenjiang Ditan Shi Nian Fanzhan Baogao

编　　者/镇江市发展和改革委员会
责任编辑/常　钰
出版发行/江苏大学出版社
地　　址/江苏省镇江市京口区学府路 301 号(邮编：212013)
电　　话/0511-84446464(传真)
网　　址/http://press.ujs.edu.cn
排　　版/镇江市江东印刷有限责任公司
印　　刷/南京互腾纸制品有限公司
开　　本/718 mm×1 000 mm　1/16
印　　张/16.5
字　　数/208 千字
版　　次/2023 年 10 月第 1 版
印　　次/2023 年 10 月第 1 次印刷
书　　号/ISBN 978-7-5684-2049-5
定　　价/86.00 元

如有印装质量问题请与本社营销部联系(电话：0511-84440882)

《春风又绿江南岸——镇江低碳十年发展报告》

编撰委员会

共谋绿色发展　共促"双碳"落地（代序）

解振华

近年来，全球多地高温、热浪、干旱、飓风、暴雨、洪涝等极端气候事件频发，气候变化已严重威胁人类的生存和发展。世界气象组织发布的最新报告显示，全球气温在未来 5 年将达到历史新高。在气候危机面前，寻求经济的转型和创新之道，加速绿色低碳行动与合作，已成为全球共识。

中国是引领全球气候行动的重要力量。坚定实施积极应对气候变化的国家战略，采取了一系列有力的举措和行动，在推动能源转型、节能和提高能效、发展可再生能源、促进产业优化升级、推动交通运输和城乡建设绿色低碳发展、大力发展循环经济、巩固提升生态系统碳汇能力等方面取得显著成效。截至今年 6 月底，中国可再生能源装机已经达到 13.22 亿千瓦，历史性地超过煤电装机总量，约占全国总装机的 48.8%；可再生能源装机已占全球的 1/3；用于可再生能源的投资已经连续七年居世界第一，彰显了中国推动绿色低碳可持续发展、实现碳达峰碳中和目标的坚定决心。

落实"双碳"目标，需要付出艰苦的努力，同时也有助于创造新动能，培育新产业，增加新的就业机会，维护能源和粮食安全，改善生态环境和民众健康。今年 7 月，习近平总书记在全国生态环境保护大会上强调，我们承诺的"双碳"目标是确定不移的，但达到这一目标的路径和方式、节奏和力度则应该而且必须由我们自己作主，决不受他人左右。8月15日，习近平总书记在首个全国生态日之际作出重要指示，强调要以"双碳"工作为引领，推动能耗双控逐步转向碳排放双控，持续推进生产方式和生活方式绿色低碳转型，加快推进人与自然和谐共生的现代化，全面推进美丽中国建设。

实现"双碳"目标是一项复杂的工程和长期的任务，需要全社会协同合作、共同发力。镇江作为国家生态文明先行示范区、第二批国家低碳试点城市，十年来积极探索绿色转型之道、减污降碳之策，体现了中国城市参与全球气候治理的责任和担当。本次峰会搭建了传播低碳理念、展示低碳技术、促进低碳合作的平台，希望更多的地方以绿色低碳循环发展的实践，丰富全球气候治理的"中国方案"，为生态文明建设和实现"双碳"目标作出更大贡献。

（本文根据中国气候变化事务特使解振华在2023年10月26日"碳达峰碳中和2023金山峰会"上的致辞整理而成）

目录

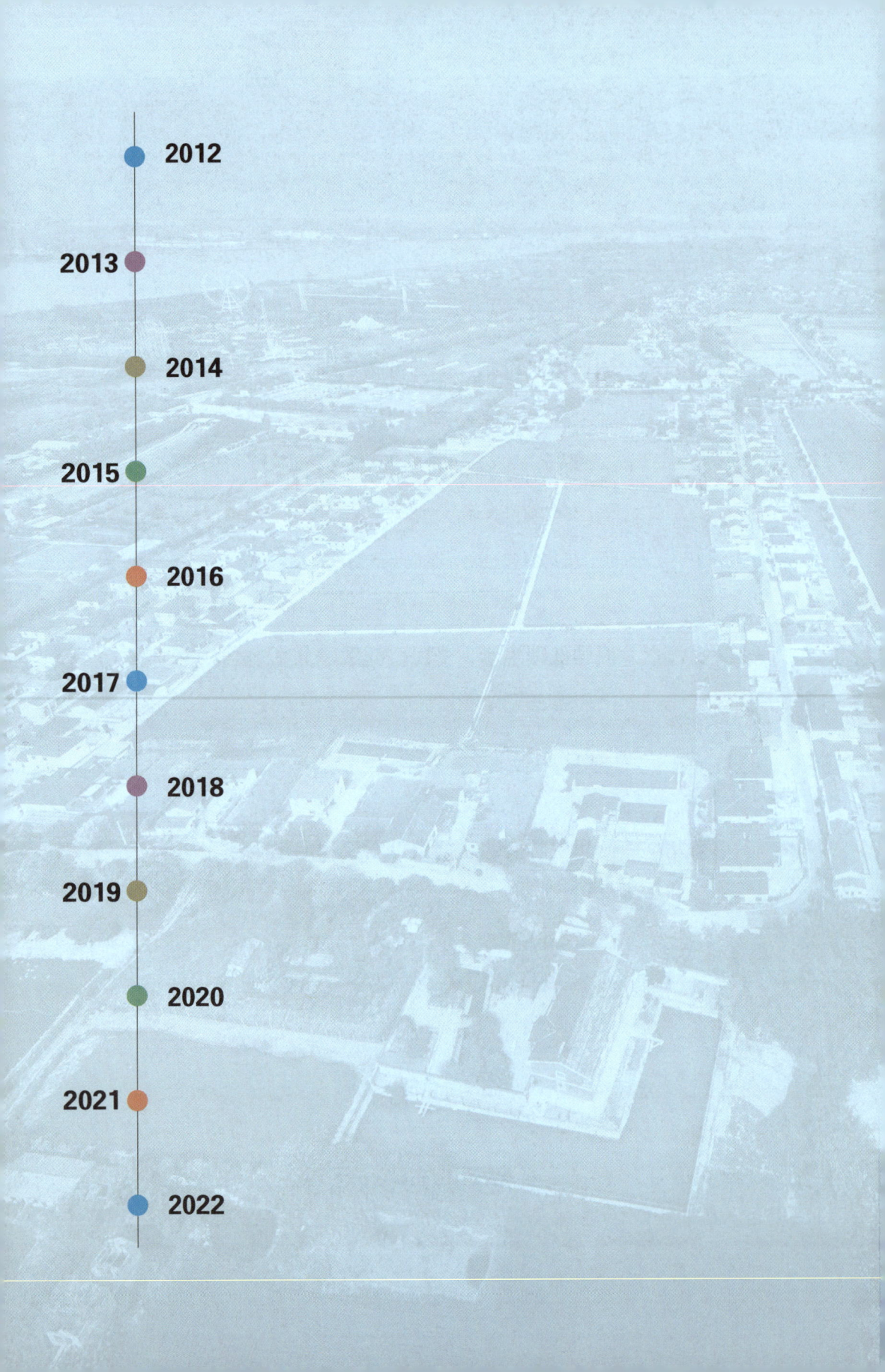

2012

2013

2014

2015

2016

2017

2018

2019

2020

2021

2022

绪论

十年低碳路，

满眼风光镇江城

浩瀚苍宇，蔚蓝星球，是已知的全人类乃至所有地球生物物种的共同家园。近年来，随着全球气候变暖、生物多样性丧失、荒漠化加剧、极端气候事件频发，人类的生存和发展面临着严峻挑战。面对全球环境危机，中国高度重视生态环境保护，采取一系列措施推进人与自然和谐共生，把低碳发展作为生态文明建设的重要内容纳入国家发展总体布局，努力建设美丽中国。

习近平总书记多次强调走绿色低碳发展之路。2020 年 9 月 22 日，习近平总书记在第七十五届联合国大会一般性辩论上宣示，中国将提高国家自主贡献力度，采取更加有力的政策和措施，二氧化碳排放力争于 2030 年前达到峰值，努力争取 2060 年前实现碳中和。2021 年 3 月 15 日，习近平总书记主持召开中央财经委员会第九次会议，对碳达峰、碳中和工作作出总体部署。2021 年 4 月 16 日，习近平主席在中法德领导人视频峰会上，宣布中国将力争于 2030 年前实现二氧化碳排放达到峰值、2060 年前实现碳中和。2021 年 7 月 30 日，习近平总书记主持召开中共中央政治局会议，会议要求统筹有序做好碳达峰、碳中和工作。2022 年 1 月 24 日，习近平总书记在主持中共中央政治局第三十六次集体学习时强调，要把"双碳"工作纳入生态文明建设整体布局和经济社会发展全局。

镇江是江苏省下辖地级市，地处长江与京杭大运河黄金水道"十"字交汇处，位于长三角核心区和苏南经济板块，总面积 3840 平方千米，常住人口 322.2 万人，辖有丹阳、句容、扬中 3 个市，丹徒、京口、润州 3 个区和镇江经济技术开发区（以下简称"经开区"）、镇江高新区 2 个国家级开发区。2022 年，全市实现地区生产总值 5017 亿元，实现社会消费品零售总额 1364 亿元，完成外贸进出口 156.2 亿美元，其中出口 116.4 亿美元，一般公共预算收入 343.8 亿元，城镇居民人均可支配收入 52615 元，农村常住居民人均可支配收入 33129 元。

·山水花园名城——镇江

　　镇江是一座历史文化名城，三千多年来，诞生了刘裕、刘勰、葛洪、马相伯、茅以升等千古流芳的人物，留下众多历史遗存，以及《昭明文选》《文心雕龙》《梦溪笔谈》等诗文典籍和"白娘子水漫金山""刘备甘露寺招亲"等传说故事，荣获"国家历史文化名城""中国优秀旅游城市""全国文明城市"等称号。交通便捷，建有润扬大桥、泰州大桥、五峰山大桥等著名跨江大桥；6条铁路、6条高速公路穿越境内，1小时到上海、4小时到北京；镇江港是全国43个主枢纽港之一，2022年吞吐量达2.3亿吨；镇江大路通用机场是华东地区首个A类大型通用机场。生态优美，山水城林浑然一体，自然生态得天独厚，素有"城市山林""天下第一江山"的美誉，荣获"国家生态市"称号。产业发达，航天航空、智能电气、海工装备等特色产业发展迅猛，是长三角地区重要的先进制造业基地、南京都市圈核心城市；拥有9个省级以上开发区、1个国家级综合保税区。拥有江苏大学、江苏科技大学等9所高校和20余所中职院校。

　　镇江2012年11月被列为全国第二批低碳试点城市，2014年

6月被列为全国首批生态文明先行示范区。2014年12月13日，习近平总书记视察镇江时，专门听取镇江低碳城市建设管理工作汇报，观看低碳城市建设管理云平台演示，称赞"镇江低碳工作做得不错，有成效，走在了全国前列"，希望镇江"继续努力，为全国生态文明作出更大贡献"，殷切寄语"镇江很有前途"。

镇江自2012年被列为全国低碳试点城市以来，已经走过十个年头。十年来，全市人民深刻领悟习近平总书记的重要讲话精神和生态文明思想，增强"四个意识"，坚定"四个自信"，做到"两个维护"，在"两个大局"中找准定位，扛起担当，围绕"强基础、抓示范、明路径、造氛围、优机制"的工作思路，坚定地走好生态优先、绿色发展新路，展现出镇江生态发展的广阔前景。

一、坚守低碳求创新，咬定生态不放松

镇江市委、市政府认真落实绿色低碳发展要求，一任接着一任干，同时又不断创新发展思路和发展方式，走出了在坚守中创新、在创新中坚守的新路子。

坚定破解增长难题。曾经困扰发展的最大难题是发展的不平衡、不协调、不可持续。经济发展新空间不足。产业结构偏重偏化，新产业、新模式、新业态培育相对滞后，创新链不健全，与产业链不够配套，支撑转型发展的新动力、新空间需进一步挖掘和拓展。生态环境约束加剧。生态系统质量和水、大气、土壤环境改善难度加大，低碳试点城市建设任重道远。资源能源约束趋紧。能源结构偏煤，清洁低碳能源消费所占比重较低，用地紧张与开发效率不高并存，水资源有效供给问题突出。镇江充分认识到，要解决以上问题，必须适应新常态，从粗放型增长向集约型增长转变，从"汗水式"增长向"创新式"增长转变，把发展的重点

转向绿色发展、低碳发展。

深挖环境资源优势。镇江最大限度挖掘环境资源优势，放大生态环境发展效应。让生态特色充分彰显。坚持走以生态为底色、产业为支撑、科教为优势、文化为灵魂、旅游为带动、宜居为品牌之路。让山水灵气充分释放。镇江山水资源丰富，创造性地把全市作为一个"山水花园"来统筹打造。实施主城26座山体改造，显山露水、透绿现蓝；开展长江沿岸、"一湖九河"水环境综合整治，凸显江河交汇的独特风貌。让生态文化充分发掘。坚持古为今用，把历史作为"城市之根"、文化作为"城市之魂"，将丰富的人文积淀与秀丽的自然遗产有效展现出来，以生态文化魅力激发镇江发展的活力。

坚持绿色低碳发展。面对新的形势和新的任务，深刻认识绿色低碳发展的重要性。新阶段的现实要求。把握发展速度从高速转向中高速，产业结构从中低端转向中高端，增长动力从投资驱动转向创新驱动的特征，把绿色低碳循环发展纳入经济社会发展战略，将生态文明建设作为首要任务。新发展的必然选择。面向可持续发展和未来高质量发展，始终坚持创新、协调、绿色、开放、共享发展。新期盼的使命担当。群众过去"盼温饱""求生存"，现在"盼环保""求生态"。镇江顺应群众期盼，使绿色发展成为最公平的公共产品、最普惠的民生福祉。

二、规划引领新格局，蓝图绘就低碳路

镇江坚持在理念的变迁与更新中不断获取新的生机，在规划的引领和统筹中持续增添绿色低碳发展的动力。

先进理念催生新战略。生态理念的升华，成为科学制定制度和政策的先导。把环保优先作为发展的首要前提。针对低碳发展

和环境保护新要求，果断把低碳、降碳和良好的生态环境放在发展全局的优先位置，摒弃高污染、高排放的粗放型增长方式，坚决从"环境换取增长"中走出来。把绿色低碳作为发展的最高境界。被列为低碳试点城市后，进一步把良好的生态环境作为可持续发展的基础和区域发展的重要品牌，坚持调整结构和改善生态环境。把生态领先作为发展的战略选择。2012年，确立"生态立市"战略，全面推进生态文明建设，使生态成为最具核心竞争力的发展优势，让低碳、生态成为"城市名片"与群众最具自豪感和幸福感的"第一品牌"。

科学规划引领新发展。把规划作为绿色低碳发展的龙头。在顶层设计上统领。发挥规划对发展的引导调控作用，大力推进"多规合一"，坚持"规划一张图、建设一盘棋、管理一张网"，围绕建设现代化山水花园城市，加强城市规划与经济社会发展、主体功能区建设、国土资源利用、生态环境保护、基础设施建设等规划的相互衔接。在总体布局上优化。着眼未来规划布局，用新

· 城市山林绿如茵

空间培育新动力，率先实施主体功能区规划，把优化开发、重点开发、适度开发、生态平衡四大功能分别明确到每个乡镇和街道。同时推进产业集中、集约、集聚发展，腾出更多的生态保护空间。在约束监管上发力。把低碳和生态文明理念融入决策全过程，实行最严格的环境考核监管制度，守好生态红线、架好监管高压线、打造山水风景线。

生态愿景激发新能量。把群众对生态健康文明生活的向往作为奋斗目标，践行以人民为中心的发展思想。加强环境整治。工业整治出重拳，水环境整治出大力，大气治理下猛药。坚持开放合作。建成中国技术交易所（镇江）低碳技术交易服务中心，汇聚全国低碳创新技术资源；举办五届国际低碳大会，入选"第四次气候变化国家评估报告地方典型案例（2016—2020）"；与美国加利福尼亚州政府、德国国际合作机构（GIZ）、国家应对气候变化战略研究和国际合作中心（以下简称"国家气候战略中心"）等机构及专家建立合作联系；参加"低碳中国行"主题活动、

·镇江南徐大道绿树成荫

两岸应对气候变化学术研讨会、联合国气候变化大会，把低碳发展的经验和做法推向世界。引导全民参与。开展"低碳教育进课堂""低碳生活进我家"等活动，推广公共自行车出行，让低碳生活、低碳发展深入人心。

三、破立并举促低碳，转型升级强筋骨

镇江的生态发展，从"伤筋动骨"，到"强筋健骨"和"脱胎换骨"，彰显了发展质量的递进和低碳生态逻辑的提升。

"三个变"为生态增值。以低碳减法换取健康增长，以绿色加法凝聚发展活力。变散为聚。2013年规划建设20个先进制造业特色园区、30个现代服务业集聚区、30个现代农业园区，推进产业集中、集约、集聚，为生态保护腾出更多空间。2020年，优化城市布局，从原中心城区"一体两翼"空间结构，扩展到全市"一体、两翼、三带、多片区"发展布局，打破受"北江南山"地形限制的空间结构。2021年，围绕发展布局，明确打造九大重点片区，同时推进开发园区整合。2022年，公布第一批保留园区名单，构建"10+11+5"园区格局，进一步推动项目向园区集聚、

产业向园区集群。变低为高。加快传统产业改造升级，促进产业由中低端向中高端转变，优化产业结构。2020年实施产业强市"一号战略"，重点发展四大产业集群和八条产业链，加快推动制造业高质量发展。变废为宝。对废弃物实行资源化利用，形成再循环体系，发展循环经济，在全省率先实现省级以上开发园区循环化改造全覆盖。构建完善的废弃物处置产业，入选国家第四批餐厨废弃物资源化利用和无害化处理试点城市，镇江经开区入选国家循环化改造示范试点园区。

· 南山国家森林公园北部景区

　　"三个聚"为发展强筋。稳妥实施"砸笼换绿""腾笼换鸟"。聚焦产业。着力转变生产方式，坚决遏制"两高一低"项目盲目发展。通过"智改数转"和绿色制造提升行动，推动产业结构变优、发展质量变高、经济形态变绿、用能结构变净。聚焦能源。严格控制煤炭消费和新增耗煤项目，深入开展煤电超低排放改造，提升清洁能源消费比重，在全省率先开展全市域屋顶分布式光伏开发，不断优化能源结构。聚焦科技。着力促进低碳技术创新，成立镇江市低碳产业技术研究院，深化科技开放合作和低碳技术创新攻关，推进低碳、零碳、负碳技术研发与示范应用。同时在交通运输、绿色建筑、绿色金融等领域深入发掘减排力量。

"四个碳"为转型增力。在全国首创碳平台、碳峰值、碳评估和碳考核智能化管理体系。2021年，"四碳"创新成果被列入国家新型城镇化综合试点典型经验在全国进行推广。碳平台，管理"精细化"。2013年，建成低碳城市建设管理云平台，建立覆盖全市的碳排放数据收集、分析系统，直观展现温室气体排放情况，形成"可查、可管、可追溯、可取证"的新型城市低碳管理模式。2021年，更新升级为能源和碳排放管理平台。碳峰值，牵住"牛鼻子"。在碳平台建立城市碳排放变化趋势模型，彰显绿色革命的使命担当。碳评估，构建"防火墙"。制定、实施固定资产投资项目碳排放影响评估制度，严控高耗能、高污染、高碳排放。2021年，被国家发改委以通知方式在全国推广。碳考核，

· 推动产业结构调优调绿（镇江经开区双子楼创业孵化基地）

用好"指挥棒"。实施碳排放总量和强度双控考核，并纳入年度党政目标管理体系。同时在全国率先出台碳统计制度，为考核提供有效保障。

"九大行动"为发展增颜。通过实施"九大行动"，从项目化推进，绘就蓝天白云、绿水青山的美丽画卷。立体化创体系。根据低碳城市试点方案，从 2013 年起，部署实施优化空间布局、发展低碳产业、构建低碳生产模式、碳汇建设、低碳建筑、低碳能源、低碳交通、低碳能力建设和构建低碳生活方式等九大行动，构建立体化的低碳城市建设体系。阶段化分任务。根据不同阶段的情况，分别确定不同的目标，并将完成结果纳入年度党政考核，扎实推进低碳城市建设。高效化见成果。自"九大行动"实施以来，全市单位 GDP 能耗和单位 GDP 二氧化碳排放显著下降。

四、融合生产与生态，低碳绿色固根基

镇江坚持用生态激活生产，用生产保障生态，显示出生产与生态的协同效应。

创新"制度体系"。镇江市是全省唯一的生态文明建设综合改革试点市，首个生态环境治理体系和治理能力现代化厅市共建试点市。创建协作协同机制。成立全市生态环保工作委员会，定期研究和协调解决重大问题。创建发展评价机制。会同国家气候战略中心连续研究发布低碳发展"镇江指数"，提供开展城市低碳发展评价的标尺。制定颁发《低碳城市评价指标体系》省级地方标准。创建生态补偿机制。设立生态补偿专项基金，专项用于生态修复和环境损害的补偿。各辖市区均设立本级生态补偿资金池，有效调节生态保护利益相关者之间的利益关系。创建督查问责机制。配套出台纪律保障、问责办法等文件，保证生态文明建

设顺利推进。

建设"生态文化"。把弘扬生态文化融入绿色建设,大力培育"生态文化"。深挖"文化富矿"。以历史文化为依托,以青山绿水的城市特色为背景,培育和创新特色生态文化。崇尚"像保护眼睛一样保护生态环境,像对待生命一样对待生态环境"的生态理念。教育"入脑入心"。开展生态文明看镇江、进万家等主题宣传活动,营造人人参与、共建共享的浓厚氛围。建成一批生态文明教育基地,将生态教育纳入党政干部培训体系和学校素质教育。加强企业生态环境法律法规培训,提高职工生态环境道德和责任意识。传承"绿色基因"。组织生态村等多项"细胞"创建活动,构筑环保理念"裂变"的载体。实践证明,生态文化始于传统、兴于当下、属于未来。

五、抓牢金山和银山,拓展低碳新内涵

镇江生态文明建设的生动实践,不仅创造了"满眼风光"的新时代,而且拓展了低碳发展新的深刻内涵。

深化对习近平生态文明思想的理解。党的十八大以来,习近平总书记多次强调"绿水青山就是金山银山","两山理论"已成为引领我国走向绿色发展之路的基本国策。镇江坚持保护环境就是保护生产力,改善环境就是发展生产力。面对新机遇,积极开展"四碳创新""九大行动",将生态优势转变成经济优势、把生态资本转变成发展资本、以绿色产业引领经济转型升级,实现了从粗放发展向集中集约发展的转型,从高碳产业向低碳经济的转型,从工业文明向生态文明的转型,深化了对习近平生态文明思想的认识和理解。

促进生产方式和生活方式的绿色变革。建设生态文明是一种

·镇江市南徐片区山清水秀

生产关系的变革，必定带来生产方式、生活方式、思维方式和价值观念的深刻调整。为此，一方面构建科技含量高、资源消耗低、环境污染少的产业结构；另一方面推动全民在衣食住行游等方面加快向勤俭节约、绿色低碳、文明健康的方式转变，实现生产、生活的绿色转型。实践证明，只有让"绿色化"实现"常态化"，才能保持经济的"绿色增长"，提高社会的"绿色福利"，扩大生态的"绿色财富"，为子孙后代留下可持续发展的"绿色银行"。

开创人与自然和谐发展现代化建设新局面。推动绿色低碳发展，表面上看砸了一部分人的"饭碗"，实质上正是这种理念淘汰了落后产能，调整了资源结构，拓展了发展空间，解决了资源要素不足与资源有效利用的问题。只有把该发展的充分发展起来，把该保护的严格保护起来，以最少的资源消耗支撑经济社会持续发展，才能从生态占用、环境污染和空间无序中"跳"出来，在人与自然和谐发展的格局中"沉"下去，实现经济效益、生态效益和社会效益的共赢，让发展真正"绿"起来。实践证明，人类不能凌驾于自然之上，必须坚持"天人合一"的思维方式和做法，形成尊重自然、顺应自然、保护自然的行动自觉。

顺应工业文明到生态文明的发展大势。审视人类社会发展的历史，一个地区发展起来前，一般会遗留环境破坏问题，并付出艰难治理的代价。镇江绿色低碳发展的实践表明，从传统工业文明向生态文明转型，根本是人们的价值取向要从物质的富足功利向社会的健康文明转化，首要是生产方式要从资源掠夺型向保育再生型转轨，关键是消费行为要从高消费向绿色消费转变，重点在于破解人人都说环保重要，可一旦触及自身利益就不干的难题。环境的警钟令人警醒，生态的保护时不我待。只有向污染宣战，向着生态文明的新时代迈进，才能为子孙后代留下碧水蓝天的美丽家园。

实现碳达峰、碳中和目标的良好开局。为贯彻落实习近平总书记实现"3060"双碳目标的指示，镇江明确实施"双碳八大行动"，围绕绿色低碳全民行动、产业绿色低碳转型行动、能源绿色低碳转型行动、绿色低碳科技创新行动、节能增效水平提升行动、交通运输绿色低碳行动、城乡建设碳达峰行动、碳汇能力巩固提升行动，深度挖掘减排和碳汇潜力，推动减污降碳协同增效。

镇江一路探索低碳化、绿色化、生态化，持续创新镇江实践、积累镇江经验、开创镇江模式，在国内和国际舞台多次发出"镇江声音"。2015 年 9 月 15 日，在洛杉矶中美气候领导峰会上，镇江代表中国低碳试点城市出席，低碳经验得到与会人员的充分肯定和高度评价。2015 年 11 月 30 日至 12 月 11 日，在巴黎第 21 届联合国气候变化大会上，镇江一展"低碳之道"，全球目光为之聚焦。2018 年，联合国开发计划署、生态环境部官微均刊文，点赞评价镇江"积极开展低碳试点，推动制度、路径和技术创新，以'镇江实践'丰富了全球气候治理'中国方案'"。

十年兴绿，"碳"为观止。何处望神州，满眼风光镇江城！

· 2015 年 12 月 7 日，镇江参加联合国气候变化大会"中国角"系列边会（图为镇江市政府与美国加利福尼亚州政府签订加强低碳发展行动计划）

· 2017 年 8 月 29 日，中国气候变化事务特别代表解振华（前左二）陪同《联合国气候变化框架公约》秘书处执行秘书帕翠西亚·埃斯皮诺萨（前右三）在镇江调研考察（图为赴江苏省扬中市美科太阳能"渔光一体"项目参观考察）

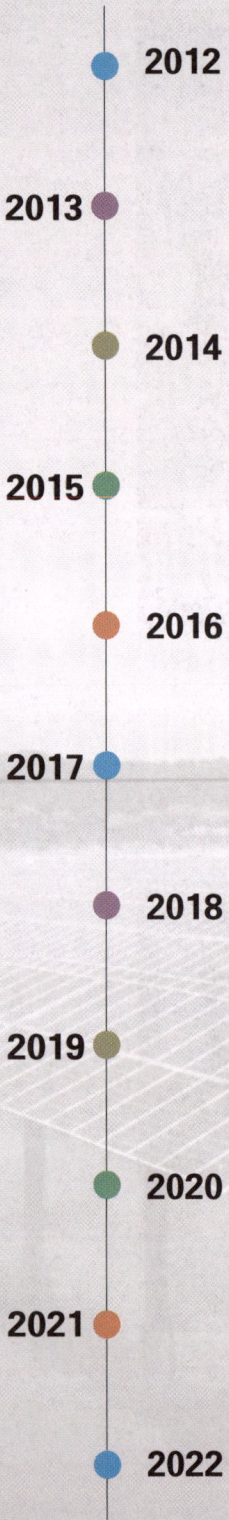

2012

2013

2014

2015

2016

2017

2018

2019

2020

2021

2022

第一章　加强规划引领，优化低碳空间格局

国土空间是碳排放空间载体和蓝绿碳汇作用空间，强化国土空间规划和用途管控，是减少碳排放和增强生态系统碳汇能力的重要抓手。镇江坚持以主体功能区规划为统领，以统筹生产、生活、生态空间布局为主线，以完善空间规划体系、强化生态环境管控为抓手，持续推动形成生产空间集约高效、生活空间宜居适度、生态空间山清水秀、人与自然和谐共生的发展格局。

一、坚持探索实践，健全规划体系

（一）率先实施主体功能区划战略

推进形成主体功能区，就是根据不同区域的资源环境承载能力、现有开发强度和发展潜力，统筹谋划人口分布、经济布局、国土利用和城市化格局，确定不同区域的主体功能，并据此明确开发方向，完善开发政策，控制开发强度，规范开发秩序，逐步形成人口、经济、资源环境相协调的空间开发格局。镇江以建设全国低碳试点城市为契机，在实践层面进一步探索推动规划的实施和落地，结合"生态优先、特色发展"战略，2013年在全省率先编制出台《镇江市主体功能区规划》，该规划进一步细化功能区单元。国家主体功能区规划以县为单元，镇江市主体功能区细化到以乡镇（街道）为单元，将市域划分为4121个1000米×1000米的基本空间单元，将全市划分为优化开发、重点开发和适度开发三类区域，将重要自然和人文区作为生态平衡区域。同时进一步完善配套政策。贯彻落实《国家发展改革委贯彻落实主体功能区战略、推进主体功能区建设若干政策的意见》等文件，研究制定了推进主体功能区建设的实施意见，在规划引导、产业准入、土地管理、环境准入、财政支持、分类考核等领域，配套出台了6个政策文件。

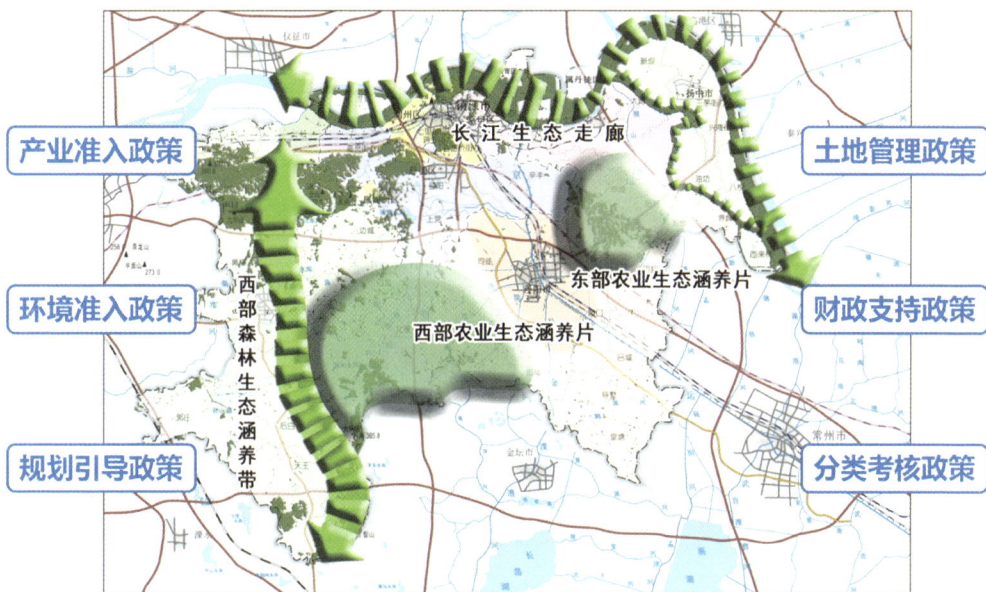

· 镇江市主体功能区规划图（2014—2020 年）

（二）建立完善国土空间规划体系

国土空间规划在国土空间治理和可持续发展中起着基础性、战略性的引领作用，是明确不同区域发展定位和功能属性的根本工具。2019 年，镇江印发《关于建立全市国土空间规划体系并监督实施的意见》及《镇江市国土空间总体规划编制工作方案》，建立"三级三类"的国土空间规划体系。"三级"，指市、县（市）、乡镇三级都要编制国土空间规划，市、县两级国土空间规划重在强化实施性，乡镇国土空间规划重在落实约束性指标和要求；"三类"，指要编制总体规划、专项规划、详细规划等三类规划。立足区域资源环境承载能力和禀赋特色，将主体功能区规划、土地利用总体规划和城乡规划等空间性规划融合为统一的国土空间规划，实现"多规合一"，形成一本规划、一张蓝图、一个基础信息平台。

（三）积极探索"双碳"目标实现路径

结合国土空间规划编制和实施，探索开展国土空间规划领域碳达峰、碳中和路径研究。通过全市国土空间碳排放测算，挖掘碳排放时空特征和减碳潜力，探索不同空间组织模式的碳排放强度。运用生态系统碳计量方法和手段，定量评估林业、湿地等生态系统的固碳能力。识别国土空间领域减碳增汇的关键抓手，突出空间与用地载体的引导支撑作用，推行功能复合、立体开发、公交导向的集约紧凑型发展模式，引领城市生活、生产各方面提质增效、减碳脱碳。

二、筑牢底线思维，统划"三区三线"

在国土空间规划中科学有序地统筹布局生态、农业、城镇等功能空间，划定落实耕地和永久基本农田、生态保护红线、城镇开发边界三条控制线，是以习近平同志为核心的党中央着眼于"为子孙后代计，为长远发展谋"作出的重大决策部署，事关国家粮食安全、生态文明建设，事关经济社会高质量发展、可持续发展。统筹划定"三区三线"，是国土空间规划编制工作的基础和关键。2019 年 11 月，中共中央办公厅、国务院办公厅联合印发的《关于在国土空间规划中统筹划定落实三条控制线的指导意见》要求，将各部门分别牵头的三条控制线统一事权。镇江按照耕地和永久基本农田、生态保护红线、城镇开发边界的优先顺序，在国土空间规划中高质量推进三条控制线划定工作，并将其作为调整经济结构、规划产业发展、推进城镇化不可逾越的红线，坚决维护粮食安全、生态安全、国土安全。同时，坚持全市一盘棋的整体架构，在导向上充分体现不同区域的不同利益诉求，在思路上落实全域全要素管控制度，统筹优化农业、生态、城镇空间和基础设施、公共资源布局，合理确定各市区的耕地、永久基本农田、建设用地等约束性指标。2022年10月，镇江"三区三线"划定成果经自然资源部同意正式使用。

（一）应划尽划，全力捍卫耕地保护任务

始终绷紧粮食安全这根弦，把耕地保护红线放在首要和优先位置，划实划准耕地保有量和永久基本农田，确保耕地保护任务落地上图。坚决遏制耕地"非农化"，严格管制"非粮化"，持续推进水田垦造，积极谋划耕地整备恢复，落实"占补平衡"和"进出平衡"。

（二）生态优先，严格落实生态守护红线

开展生态保护重要性评价，结合自然保护地整合优化成果，优先将具有重要水源涵养、生物多样性维护等功能的生态功能极重要区域和自然保护区等纳入生态保护红线，逐步建立生态保护红线定期评估机制，严格保护具有特殊重要生态功能或生态敏感脆弱的自然区域。

（三）紧凑适度，合理划定城镇开发边界

综合考虑人口和资源环境承载能力，科学确定城镇建设用地总量，评估城镇适宜建设空间，保障城镇空间功能完整、适度弹性，划定城镇开发边界。发挥城镇开发边界的约束作用，倒逼城镇紧凑集约发展，形成多中心、网络化空间结构，加快建设精明增长的紧凑城市。建立战略留白机制，通过指标预留、空间预留、功能预留等多种方式，为城市长远发展预留空间。

三、强化生态优先，构建安全格局

（一）优化生态安全格局

生态安全格局是整个生态空间的基础，是国土空间规划体系开发保护格局构建的核心。以保障和维护生态功能为主线，镇江加快构建"两廊两带三片"的生态安全空间格局。"两廊"，指依托长江和运河建设两条水生态廊道，长江水生态廊道重点加强长江水体、岸线等保护，加快修复受损生态系统，统筹推进沿江地区造林绿化，提升岸线景观，打造美丽长江岸线；运河水生态廊道重点依托京杭大运河、丹金溧漕河，加强岸线绿化，保护重要生态功能板块和景观资源，协同推进文化资源开发，推动生态旅游融合发展。"两带"，指依托宁镇山地和茅山山地构建两条生态涵养带，重点加强宝华山、长山、南山、横山、水晶山、茅山等山地保护，调整优化林分结构，提高林地质量，增强生态涵养和生物多样性保护能力。"三片"，指西部、中部、东部三大生态农业片区，协调农业生产与生态保护的关系，加强赤山湖、横塘湖、中后湖、前湖等水体保护。

（二）加强生态空间管控

实施"三线一单"（生态保护红线、环境质量底线、资源利用上线和生态环境准入清单）生态环境分区管控制度，是新时代贯彻落实习近平生态文明思想、深入打好污染防治攻坚战、加强生态环境源头防控的重要举措。作为全省第一批试点城市，镇江积极探索建立覆盖全市的"三线一单"生态环境分区管控体系，根据生态环境功能、自然资源禀赋和经济社会发展实际，划定环境管控单元，实施差别化生态环境管控措施。同时，实现"三线一单"成果蓝图固化和动态管理，充分运用互联网、大数据等信息技术手段，推动"三线一单"信息管理平台与政务大数据互通共享。

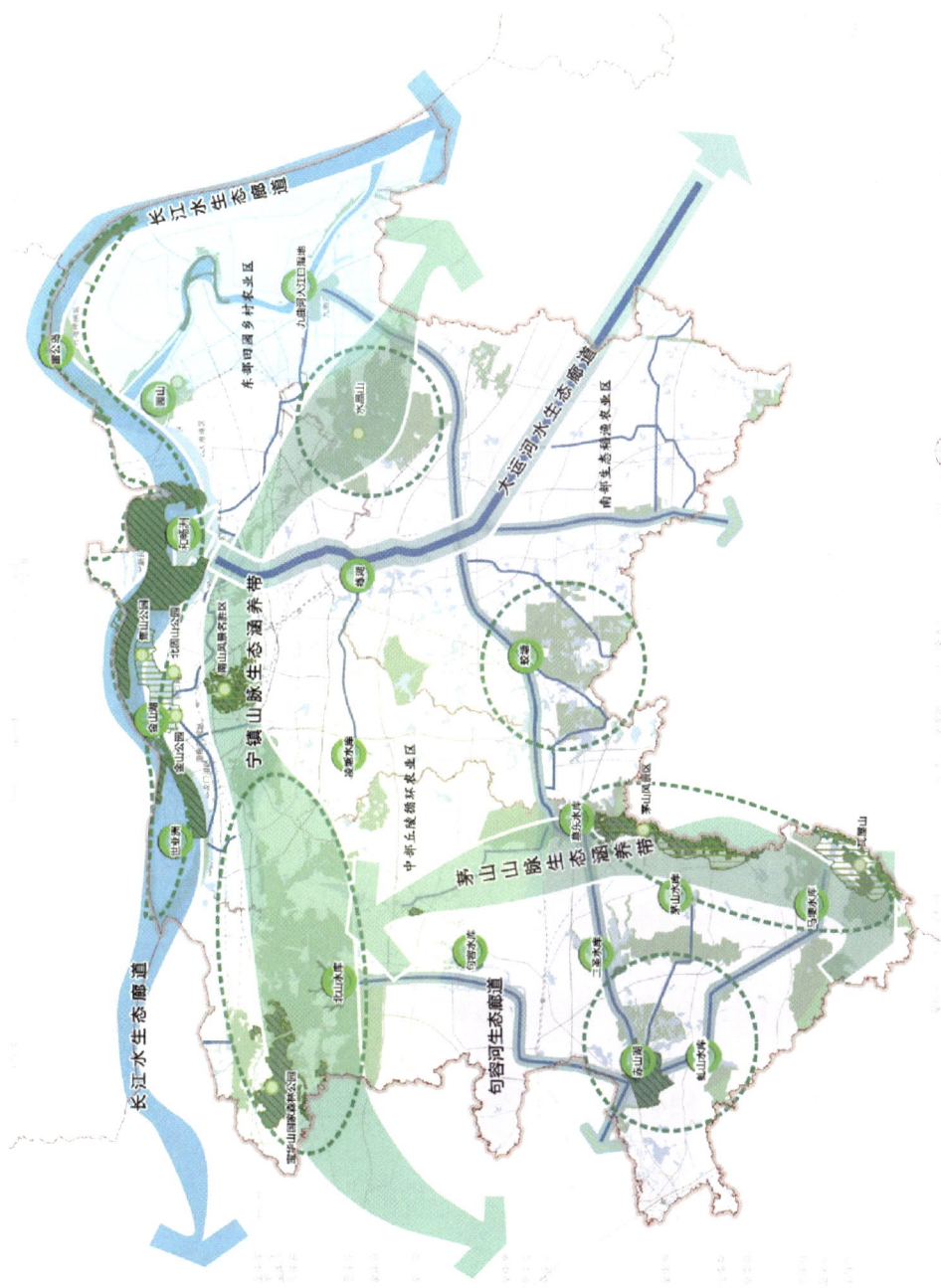

案例 1-1　实施"三线一单"生态环境分区管控

　　2020年，《镇江市"三线一单"生态环境分区管控方案》发布，明确全市共划定 299 个环境管控单元，分为优先保护单元、重点管控单元和一般管控单元三类，实施分类管控。

　　优先保护单元，指以生态环境保护为主的区域，包括生态保护红线和生态空间管控区域，根据生态保护红线和生态管控空间调整实时更新，按照国家和省最新认定范围执行。目前，全市划分优先保护单元 78 个，占全市国土面积的 27.70%。

　　重点管控单元，指涉及水、大气、土壤、自然资源等资源环境要素的重点管控区域，主要包括人口密集的中心城区和各级各类产业园区（集聚区），根据市域国土空间规划、产业发展规划和园区发展规划等实时调整。目前，全市划分重点管控单元 167 个，占全市国土面积的 21.44%。

　　一般管控单元，指除优先保护单元、重点管控单元以外的其他区域，衔接街道（乡镇）边界形成管控单元，根据实际情况定期调整。全市划分一般管控单元 54 个，占全市国土面积的 50.86%。

"三线一单"编制和成果发布是基础工作，更为重要的是做好成果应用"后半篇文章"，在实践中不断拓展应用体系，完善应用机制，为党委政府综合决策做好服务。镇江着力从四个方面探索应用。一是衔接各类规划。在地方立法、政策制定、规划编制的过程中，加强与"三线一单"相符性、协调性分析，将相关管控要求融入综合决策的全过程。二是规范开发建设活动。在产业布局、结构调整、资源开发、城镇建设、重大项目选址时，将"三线一单"生态环境分区管控要求作为重要依据，从严把好生态环境准入关。三是推动生态环境治理。加强"三线一单"成果在生态、水、大气、土壤、固废等要素污染治理中的应用，突出分区管控，在优先、重点、一般管控单元，有针对性地开展生态保护修复和生态环境治理，逐步实现区域生态环境质量目标。四是强化生态环境监管。加强"三线一单"与环评、排污许可、环境执法等工作的衔接，将空间布局约束、污染物排放控制、环境风险防控、资源开发利用效率等管控要求，贯穿规划环评、项目环评，乃至排污许可和事中事后监管全过程。同时，镇江也将建立跟踪评估机制，每年对全市"三线一单"成果应用情况进行定量评估，进一步落实各级地方政府主体责任。

四、推动低碳转型，优化发展布局

　　"十三五"期间，镇江提出了"开"字型生产力布局，大力构建"两横两纵"产业发展格局（"两横"，指沿江发展带、沿沪宁发展带；"两纵"，指沿运河发展带、沿扬马线发展带）。进入新发展阶段，抢抓"双碳"机遇，深入实施产业强市战略，加快构建现代产业体系，着力推动绿色低碳高质量发展。在对"十四五"时期及未来一段时期的生产力布局进行研究谋划的基础上，进一步对"十三五"时期"两横两纵"生产力布局进行优化，着力打造"一体、两翼、三带、多片区"发展布局。

（一）主体空间一体两翼

"一体两翼"是在全市域范围内按主体功能划分的三大协同发展区。一是中部城市协同发展区。坚定不移提升中心城区首位度。区域范围上，推动现有中心城区"双向拓展"，"向西"沿G312国道串联镇江高新区，韦岗、高资、下蜀、宝华片区，让主城直接对接南京主城；"向南"把老城区、南徐新城、官塘片区、丹徒新城连为一体，通过G312国道、S86高速公路南延，与丹阳主城紧密相连，实质性推动镇丹一体化。功能定位上，重点发展城市经济，全面提升城市功能。二是东翼产业协同发展区。主要是镇江经开区、扬中、丹阳北部以及京口东部区域，重点发展先进制造业，打造马力更足的"强引擎"。在加强向西融入宁镇扬的同时，坚持更好"向东看"，成为镇江向东对接的"桥头堡"。三是西翼创新协同发展区。包括句容市中南部、丹徒区南部区域，大力发展"生态＋创新＋产业"模式，在产业链、创新链上与南京形成有效互补，打造镇江高质量发展新"增长极"。因地制宜发展现代农业、文化旅游，打造特色生态经济，共建"溧水—句容"农业合作示范区，加快融入南京"南部田园"。

（二）发展轴线三带串联

"三带"是打造沿东西走向的三条发展带，有效串联起"一体两翼"，构成大市域发展的经纬线，实现市域层面的更好整合。"北线"打造沿江生态保护和高质量转型发展带。严格落实"共抓大保护、不搞大开发"要求，全面推进沿江增植补绿，建立多层次湿地保护系统，打造水清岸绿景美的"滨江绿廊"。优化开

"一体、两翼、三带"总体布局

·镇江市"一体、两翼、三带、多片区"规划图

发利用岸线结构和布局，推动沿江产业转型升级，走出具有滨江特点的高质量发展之路。统筹推动大运河文化带建设，展现"江河交汇"的独特魅力。"中线"打造产业创新发展带。依托 G312 国道、G42 国道，打造形成横贯镇江中线的产业创新带、战略增长极。重点推进 G312 国道产业创新走廊建设。"西端"与句容"产业硅谷"有效串联，全面对接南京紫东地区。"东端"与镇江主城区深度融合，逐步向丹阳的部分板块延伸，增强对市域整体发展的拉动作用和支撑作用。"南线"打造绿色生态发展带。主动融入宁杭生态经济带建设，发挥自然禀赋、依托现有基础，在句容市、丹徒区南部和丹阳市西部，重点布局高效农业、休闲观光、生态旅游、健康养老等产业，打造面向城市群服务的"菜篮子""后花园""休闲地"。

（三）重点载体多片支撑

"多片区"是围绕"一体、两翼、三带"功能定位，依据现有发展基础，打造若干重点发展载体。加快打造官塘片区、高校园区、滨江现代服务业集聚区、丹阳生命健康产业区、句容空港产业区、扬中智能电气产业区，提升现有省级以上开发区、高新区等载体发展水平。同时结合"小、散、低"产业园区整合，更好地支撑产业战略落地，多做"+"的文章，优势互补、抱团发展，努力推动高质量发展、创造高品质生活、实施高效能治理，争得城市荣光。

·**丹徒区世业镇"健康岛"**　习近平总书记视察过此地，是"两康"理论重要论断的提出地，习近平总书记称赞"这里的风景比画更漂亮"。以"健康+"理念为引领，以创建国家级旅游度假区为主线，坚决关闭工业企业、腾退长江岸线，推动"生态岛、田园岛、健康岛、旅游岛"四岛共建，着力实现生态环境提升、生态产业发展、人民生活改善、社会和谐稳定，打造长江沿线独具魅力的"生态健康岛"和望得见山、看得见水、记得住乡愁的新时代乡村振兴样板。岛上宛如与世隔绝的"世外桃源"，没有工业区、没有喧嚣、没有污染，有的是满眼的绿意和醉人的空气。

·**润州区官塘绿色创新社区**　紧抓 G312 国道产业创新走廊建设契机，提升综合服务功能，以生态为底色、产业为支撑、创新为灵魂、总部为品牌，打造总部经济集聚区、产城融合示范区、山水花园名城样板区，正在形成集科技研发、旅游休闲、生态居住于一体的"产城人文融合"的低碳特色小镇。

·**丹徒区长山产教融合发展区**　发挥高校和人才资源集聚优势，盘活教学资源，提高办学效益，促进镇江高等教育品质提升，正在推动科教与产业、创新与创业融合发展，与南京仙林科教城、麒麟科创园等跨市共建科技创新动力源，以及科技成果转化辐射源。

·**丹阳练湖生态新区**　积极响应国家大运河文化发展战略，高标准谋划推动大运河丹阳练湖生态和历史文化恢复与传承项目，主动融入运河文化带。加快恢复湖泊功能、改善区域生态环境，助力太湖流域湖西区治理，重塑大运河沿线生态基底，打造传承运河文化特色载体，让生态成为推动练湖发展的强力引擎。

· 丹徒区世业镇"健康岛"

· 润州区官塘绿色创新社区

・镇江高等专科学校

·江苏科技大学长山校区文理楼

·镇江技师学院

·江苏科技大学长山校区全景

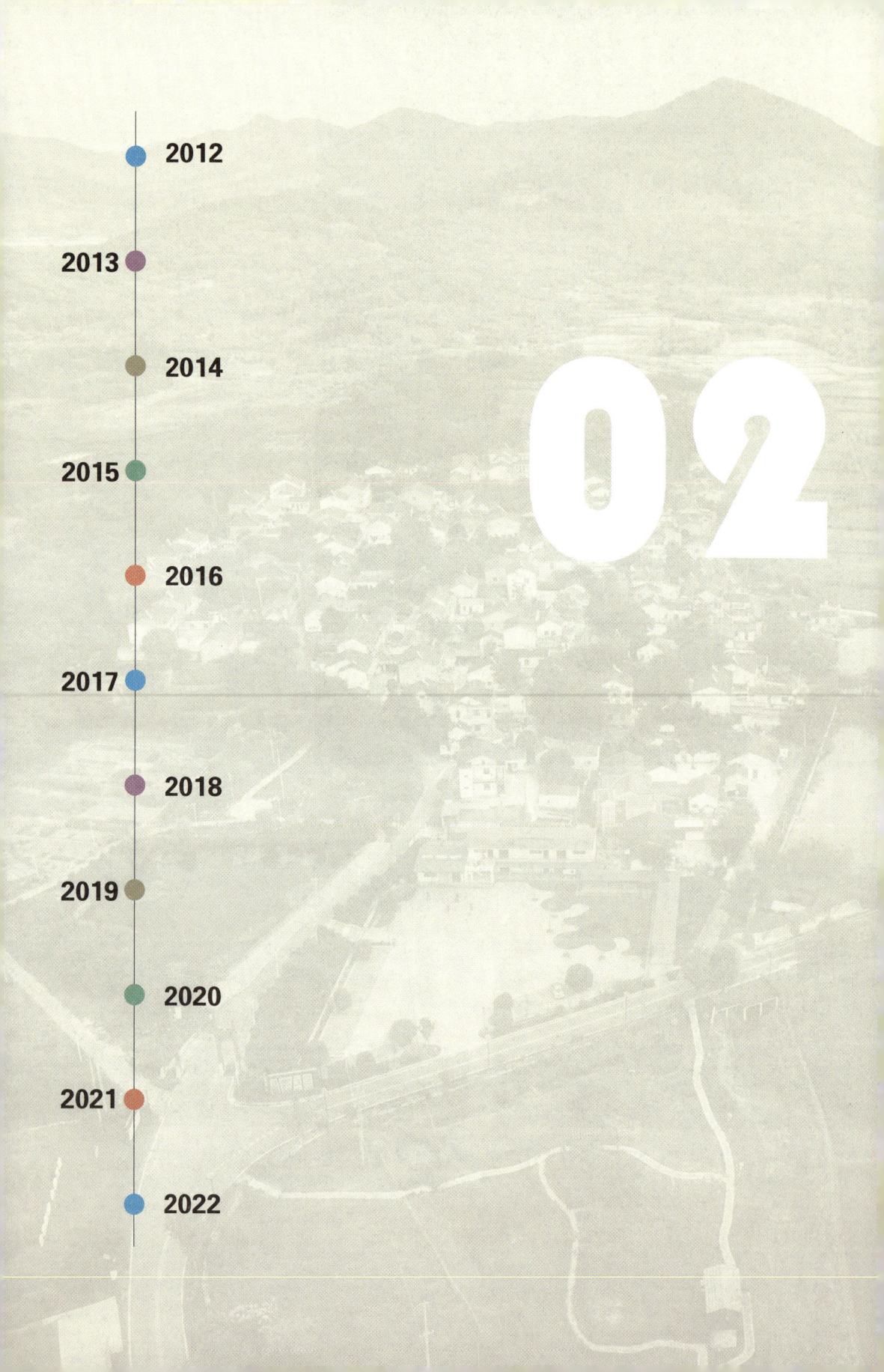

2012

2013

2014

2015

2016

2017

2018

2019

2020

2021

2022

02

第二章　调优能源结构，构建现代低碳体系

能源活动是二氧化碳排放的主要来源，能源绿色低碳转型是实现碳达峰、碳中和的关键。近年来，镇江积极推动能源供给侧结构性改革，促进化石能源高效开发利用，拓展非化石能源增量，加强能源输配网络和储备应急设施建设，加快构建清洁、低碳、安全、高效的能源体系。作为苏南唯一的电力输出型城市，镇江为全省电力供应作出了积极贡献。

一、清洁高效利用化石能源

系统思维，整体谋划，以资源环境承载力为基础，统筹化石能源开发利用与生态环境保护，推进煤炭清洁高效利用。

（一）严格合理控制煤炭消费扩张

把削减煤炭消费总量作为打赢蓝天保卫战和污染防治攻坚战的重要内容，作为优化产业结构和能源结构的有力手段。一是严格管理。每年下发关于做好年度减煤工作的通知，明确提出巩固减煤成果、加大能源结构调整、实施煤炭消费总量控制、提高煤炭清洁利用效率和水平、推进纯凝机组和热电联产机组技术改造、推进工业炉窑整治等重点工作。二是加大统计和监测预警力度。逐季度发布减煤风险预警，督促预警结果为红色、橙色等级的地区深入查找原因，明确减煤措施，加大减煤力度。三是提高重点耗煤企业煤炭消费减量数据质量。建立重点耗煤企业煤炭消费减量数据核查机制，实施全面排查、实地检查、重点抽查、即时核查和管控保障五项制度。着重关注重点耗煤企业的燃煤热值，不定期对各地上报的数据进行抽检复核，对燃煤热值未达标的企业进行重点督促约谈。四是落实重点耗煤行业准入条件。在源头上有效控制企业高耗能、高排放。严格执行替代标准，对所有行业

·2021 年 5 月，谏壁电厂爆破拆除 4 台 300 兆瓦机组最后的两根烟囱

新建、改建、扩建、技术改造耗煤项目，一律实施煤炭减量替代或等量替代。

十年来，全市共关停、淘汰燃煤锅炉 1629 台（套）。其中电力行业关停、淘汰燃煤锅炉 6 台（套），总装机容量 134.4 万千瓦；非电行业关停、淘汰耗煤设施 1623 台（套）。2020 年，煤炭消费占全市能源消费总量的 72.9%，其中电力煤炭占比 80%，较 2015 年下降约 10 个百分点。2021 年，非电行业规上工业企业（含自备电厂）煤炭消费总量 458.6 万吨，比 2016 年减少 164.2 万吨，较好地实现了煤炭消费"只减不增"的目标。

（二）着力推进煤电清洁高效发展

电力行业是我国煤炭消费第一大行业，也是我国二氧化碳排放第一大户，推动煤电清洁高效发展是煤炭清洁高效利用的重要抓手。按照国家、省有关煤电发展的政策要求，镇江加快淘汰煤电落后产能，着力推进煤电节能减排，煤电装机结构持续优化，供电煤耗和污染物排放量持续下降。"十三五"期间，全市关停3台共99万千瓦落后煤电机组，占全省关停机组容量的24%。截至2020年底，全市煤电机组平均供电煤耗287克标煤/千瓦时，比全国和全省平均水平分别低18克和5克左右，达到国内先进水平；全市电源总装机容量957.7万千瓦，其中煤电装机容量865万千瓦，占全市总装机容量的90.2%，比2015年降低7个百分点，电源结构逐步优化，煤电机组更加安全、清洁、高效。

重构火电定位，清洁高效发展煤电，推动火电从提供电力电量的主体性电源向兜底保供、灵活调节的基础性电源转变。推进煤电深度调峰改造，提升煤电机组的调峰能力。制订煤电机组改造升级计划，推进三家统调电厂实施煤电机组节能降碳改造、灵活性改造、供热改造"三改"联动。目前，江苏华电句容发电有限公司1台100万千瓦煤电机组已完成节能降碳改造，国能江苏谏壁发电有限公司1台100万千瓦煤电机组已完成灵活性改造，其他煤电机组改造升级正在按计划有序有力推进。

案例 2-1　谏壁电厂做强存量、做优增量，推动绿色发展

国能江苏谏壁发电有限公司（简称"谏壁电厂"）为国家能源集团江苏电力有限公司全资企业，占地面积 439 公顷，拥有水域 76 公顷，长江岸线 2080 米。该公司在助力长江经济带释放经济动能的同时，坚定不移走好走稳"生态优先、绿色发展"的高质量发展之路，助力构建清洁低碳、安全高效的能源体系。

做强综合能源"绿色存量"。2013 年至 2017 年期间，响应江苏省"263"减煤政策要求，先后对 4 台达到设计使用年限的 330 兆瓦机组实施关停拆除。同时，在达到国家超低排放标准的基础上，进一步降低污染物排放浓度，发电机组核心指标保持行业前列。目前，有 2 台 1000 兆瓦机组、2 台 330 兆瓦机组在役运行，煤电总装机容量 2660 兆瓦，发电量累计超 5300 亿千瓦时、供热 2000 万吨，累计上缴利税 140 亿元。

·谏壁电厂节能降耗工程（图为 #7-10 老机组拆除现场）

做优高效光伏"低碳增量"。从实际出发，积极向绿色低碳能源供应端转变，大力发展以光伏为代表的新能源产业，实施"火电+"和"新能源+"，助力地方绿色低碳发展，争做综合能源服务商。截至2021年底，已并网61.8兆瓦发电光伏项目，每年可节省标煤18300吨，减排二氧化碳42990吨，实现清洁发电2700万千瓦时。

·2021年12月，谏壁电厂贞观山灰场光伏电站项目成功并网发电

（三）积极引导天然气消费量增长

天然气相比煤炭等能源，具备接续替代和清洁低碳特性，不仅承担着国家能源结构转型期间保障能源安全的使命，也是未来新型电力系统规划中重要的基础保证。镇江一方面以提高区域天然气供应能力为目标，实施双气源管网供应改造工程和液化天然气（Liquefied Natural Gas，简称 LNG）接收站新建工程，强化天然气储备和调峰能力建设。截至 2022 年底，全市建成城燃管道 7214 千米，天然气消费总量达 12.2 亿立方米；另一方面以自主可控为目标，科学有序发展气电，推进建设以谏壁电厂、镇江燃机、丹阳华海燃机为主的供电结构。江苏镇江燃气热电有限公司 2 台 9F 级燃气蒸汽联合循环机组、丹阳中鑫华海清洁能源有限公司 2 台 10 万千瓦级燃气热电联产机组分别建成投产，有效保障了自主电源供电能力，大大缩减了碳排放总量，降低了氮氧化物排放浓度，提高了清洁能源占比。

（四）因地制宜推进实施热电联产

热电联产是指由供热式汽轮机既发电又供热的连续生产方式，其具有热能利用率高、热产品质量高、供热可靠性高的特点，通过管网集中供热，可以提供稳定、可靠的高品质热能，节约燃料的同时也减少了分散小锅炉所占用的土地、维修和更换设备的劳力和资金，还可以减轻城市污染，经济效益和社会效益比较显著。全市以集中供热为前提，根据本地区城市供热规划、环境治理规划和电力规划，考虑气候、资源、环境等外部条件，以满足热力需求为首要任务编制城市供热、热电联产规划，科学划定东南片区、西部片区、江北片区三大供热区域。在供热机组结构方面，优先利用现有清洁能源机组、大型热电机组、资源综合利用机组进行供热，释放供热能力，以新建高效环保供热机组为辅，优化资源配置和供热机组结构。全市已建成投运 4 台（套）燃气热电联产机组，总装机容量 113.3 万千瓦。在管网建设方面，按照"厂网分离、互联互通"的原则，统一规划建设，管网建设和各热源点建设统筹谋划，同步实施，确保"一张网"运行。

二、积极有序发展可再生能源

镇江是江苏省地域面积最小、人口最少的设区市。全市地势西高东低，属丘陵地带；气候属北亚热带季风气候，海拔高度 140 米，年平均风速 5.4 ~ 6.8 米 / 秒，风向较为分散，可利用发展风电、光伏发电等新能源的资源禀赋一般。根据国家划分的标准，镇江光伏发电属Ⅲ类地区，年利用小时数约 1100 小时；风电属Ⅳ类地区，年利用小时数约 2000 小时，新能源发电的年利用小时数较低。受资源禀赋、能源消耗总量、经济社会发展等综合因素影响，可再生能源只能作为全市电力供应的补充和优化。

在严格控制煤炭能源消费增长的基础上，镇江深化落实能源体制改革，积极发展非化石清洁能源。推进适应能源结构转型的电力市场机制建设，通过市场化手段，有序推动新能源参与市场交易，发挥电力市场对能源清洁低碳转型的支撑作用。截至 2022 年底，全市可再生能源发电装机容量 143.3 万千瓦，占总装机容量的 14.1%，较"十三五"期末提高了 3.9 个百分点；全年可再生能源发电总量 18.7 亿千瓦时，占全社会用电量的 6.3%，较 2021 年增长了 1.4 个百分点。

· 扬中市美科太阳能"渔光一体"项目

（一）多元化发展光伏

坚持集散并举，因地制宜重点推进分布式光伏建设，多形式促进光伏系统应用。全面摸清废弃矿山、渔光互补、农光互补、屋顶资源等开发潜力，积极建设集中式及分布式光伏，提高光伏装机规模，探索光伏平价上网建设方式。率先以全市域屋顶光伏试点开发为基础，探索可复制、可推广、可持续发展的屋顶分布式光伏的建设路径，为优化农村能源供给结构、引导居民绿色能源消费、全面实现乡村振兴奠定基础，丹阳市、扬中市、丹徒区、润州区、镇江高新区等5个辖市区被国家能源局列为试点建设区。其中，扬中市光伏装机渗透率超70%，居全省第一；全国最大的柔性屋顶分布式光伏项目在镇江经开区实现全容量并网。截至2022年底，全市光伏发电装机容量达132.2万千瓦，占全市可再生能源发电装机容量的92.2%，较"十三五"期末增加了41.9万千瓦，占比提高了9.3个百分点。

案例 2-2　江中绿岛声名扬

镇江的扬中市，面积332平方千米。智能电气、新能源、先进装备制造三大主导产业占全市工业经济的比重达90%以上，是全国闻名的"工程电气岛"。2015年，率先提出创建全国高比例可再生能源示范岛的目标，打造独具魅力和特色的"绿色能源岛"。2016年，成为全国4个高比例可再生能源示范城市之一，也是我国东部沿海唯一的高比例新能源示范城市。截至2022年，累计光伏用户1.1万户，装机容量29.6万千瓦（基本为分布式余电上网光伏），累计发电3.0亿千瓦时，占全社会用电量的15.6%。同时通过持续优化区域电网构架，保障了光伏发电的全额消纳。

该市实现非电力行业燃煤锅炉全市"清零"，累计推广新能源汽车300余辆，建成公共新能源充电设施119个；"城市充电宝"——28兆瓦电网侧储能电站的投入使用，让清洁能源消纳更便捷、清洁能源使用更方便；建成光伏博览馆、"面向新型城镇的能源互联网关键技术及应用"示范区、扬中滨江"零碳"公园等一批示范项目；成功举办两届"国际绿色能源发展大会"，聚四海之气、借八方之力共同打造"高比例新能源示范市"金名片。通过多种途径推进清洁能源融合互补发展、高效智慧利用，为全国新能源发展和碳达峰、碳中和目标贡献智慧和力量。

1. 规划与政策结合，强化高点定位。2015年5月，编制完成《扬中市创建全国高比例可再生能源示范基地实施方案（2015—2020）》和《扬中市可再生能源就近消纳试点实施方案》，统筹谋划清洁、低碳、安全、高效的新能源生产和消费模式；同步制定出台《关于加快分布式光伏发电示范应用的实施意见》，设立专项引导资金，推进工业厂房、公共机构、居民三大领域屋顶分布式光伏发电项目。2017年，制定出台《关于创建高比例新能源示范城市的实施意见》，提高微电网项目、示范社区、监管交易平台等创新领域的奖励标准，重点加大对绿色转型、技术创新、示范项目的扶持力度。2015—2020年，累计发放补贴5512万元。

2. 推进合作创新，加强示范带动。成功建成一批示范项目，其中通威环太"渔光一体"项目，将鱼塘亩均产出提高至原来的5倍。扬中高新区在获得全国首批增量配电业务改革试点后，成立了江苏省首家配售电公司，截至2023年10月，累计市场化售电24.5亿千瓦时。市政府与国网镇江供电公司共同开展国家重大科技专项"面向新型城镇的能源互联网关键技术及应用"示范区建设，在推动能源变革发展，构建清洁、低碳、安全、高效的能源体系方面发挥示范引领作用。在滨江湿地公园建设的光伏桥、光伏路、光伏伞、风光互补路灯等光伏应用项目，实现了太阳能发电与自然景观的融合，为其他地区建设100%利用可再生能源的"零碳公园"提供了示范。

3. 制造与应用并重，推进联动发展。在发展绿色能源的过程中，积极探索出一条以新能源应用带动产业发展，以产业发展促进企业创新，以企业创新助力转型升级的可持续发展路径。扬中市光伏产业起步较早，产业基础较为扎实，现已形成涵盖高纯硅材料、硅锭、硅片、组件、辅料、电站等较为完整的产业链，在全国县域经济中独树一帜。现有光伏制造企业 40 余家，其中规模以上企业 23 家，6 家光伏企业进入工信部《光伏制造行业规范条件》企业名单，大全集团、太阳集团等企业参与行业标准制定，环太集团、尚昆集团等企业以生产工艺和产品技术引领细分市场，带动区域光伏企业集群高质量发展。

·江苏省首个"零碳公园"——扬中滨江公园，内有各种太阳能"光伏＋储能"装置

（二）分散式布局风电

坚持规划先行，因地制宜利用园区、山地丘陵等闲置空间资源，科学有序推进分散式风电项目建设，结合乡村振兴战略，开展"百村百杆"分散式风电可行性研究，打造乡村风电新标杆。2021年12月29日，镇江市首座风力发电场——10千伏悦峰扬中分散式风电项目在扬中经济开发区正式并网投运，总装机规模20兆瓦，安装单机容量4兆瓦的双馈式变速恒频风电机组5台，总投资1.6亿元。项目并网后，每年为电网提供清洁电量4800万千瓦时，可满足1.5万余户家庭一年的用电需求。与同等规模的燃煤电厂相比，每年节约标准煤1.7万吨，减少排放温室效应气体5万吨，减少排放粉尘36吨、二氧化硫290吨、氮氧化物435吨、一氧化碳4吨。

（三）利用好生物质能

生物质能是一种可再生能源，其来源广泛，容易获取，具有取之不尽、用之不竭的特点。镇江因地制宜发展生物质发电，积极探索生物质能清洁供暖和生物天然气。科学规划生物质直燃发电，优先布点农林生物质资源丰富地区，推广生物质成型燃料锅炉。统筹布局垃圾焚烧电站建设，在做好环保治理的基础上，着力破解设施"邻避"难题，加快推进全市生活垃圾焚烧发电以及飞灰处置、炉渣资源化利用等配套设施建设，逐步建立完善生活垃圾处理收费制度。建设低碳城市十年来，全市生物质、垃圾发电取得了"零"突破，发电总装机容量9.1万千瓦。其中，生物质发电装机容量3万千瓦，垃圾发电装机容量6.1万千瓦，分布于丹阳市、句容市、镇江经开区三个版块，2022年的发电总量为5.4亿千瓦时，年度减少二氧化碳排放45.9万吨。

三、构建坚强新型电力系统

深化电力体制改革，构建以新能源为主体的新型电力系统，是党中央基于保障国家能源安全、实现可持续发展、推动碳达峰与碳中和目标实施作出的重大决策部署，为新时期能源行业以及相关产业发展提供了重要战略指引。镇江积极构建并完善新型电力系统，加强坚强电网、抽水蓄能、新型储能、增量配电网建设，有效推动经济社会绿色转型和高质量发展。

（一）优化坚强电网建设

"十三五"以来，镇江电网规模持续扩大、网架结构不断加强、各电压等级电网输配供能力进一步提升，初步建成坚强智能的网架结构，有力保障了全市电力供应和国民经济发展需求。2022年，全社会坚强电网最大负荷达到539万千瓦，比2012年增加305万千瓦，增长77%；全社会用电量298.5亿千瓦时，比2012年增加193.5亿千瓦时，增长54%；电源总装机容量1107万千瓦，较2012年增加501万千瓦，增长82.7%。其中，新能源装机容量达148万千瓦，比2012年翻了二十番。2012年以来，电网建设累计投资超过129亿元。2022年底，镇江电网35千伏及以上公用变电总容量达2675万千伏安，比2012年增长73.6%。目前，镇江电网35千伏及以上公用变电站已超过150座，输电线路已超过5205公里。奔流的电力血液，为城市发展注入强劲动能。

"十四五"期间，镇江以打造坚强高效的主干网架、构建高效灵活的有源配电网为重点，持续做好电网规划建设工作。在500千伏骨干电网方面，加快推进"上党500千伏主变增容工程"和"江苏上党—龙王山500千伏线路加装串抗工程"，从源头保证全市电力的充足、可靠供应。在220千伏输电网架方面，加快"南沿江铁路江宁（句容）牵引站配套220千伏供电工程"和"龙山220千伏开关站"等工程建设，进一步优化电网结构，为"十四五"末期东西片电网解耦做好准备。在110（35）千伏配电网方面，不断完善电网薄弱环节，推进110千伏杨城变、新民变等重点变电站建设，填补电网覆盖不足区域。建设110千伏白兔变等工程，逐步实现老旧35千伏变电站全面升级换代，为城郊、农村地区的城市化发展提供优质电力供应。在10千伏及以下配电网方面，将加快新型电力系统背景下有源配电网规划建设，逐步实现光伏、风电等分布式电源、储能、微电网的灵活接入与统一控制，进一步提高配电网对多元化负荷的接纳能力。

· 领办督办"关于优化我市能源结构 锻造产业竞争新优势"重点提案

案例 2-3 国内首个、全球最大的"交流改直流"输电工程

　　党的二十大报告强调，要深入推进能源革命，加快规划建设新型能源体系。目前，江苏 99% 的风电资源和 67% 的光伏资源分布在江北地区，预测"十四五"期间，增量风电基本位于江北，增量光伏 68% 位于江北、32% 位于江南。江苏电网 500 千伏北电南送过江断面主要通道输电能力约 1250 万千瓦，2021 年初冬高峰期间，由于苏北新能源大发展，省内过江输电通道出现输送能力不足的"卡脖子"问题，有限的存量过江通道资源成为限制苏北新能源开发和苏南清洁能源利用的重要因素。其中，镇江五峰山大跨越输电通道现以交流输电模式供镇江高桥地区用电，利用效率和效益有限。围绕该存量跨江输电资源，规划建设扬州—镇江 ±200 千伏直流输电工程，对于提高镇江区外来电水平、支撑镇江产业强市战略、服务"双碳"目标有重要的战略价值和现实意义。

　　一是有利于增强电力供应。五峰山跨江线路交流改直流工程建成投运后，近期将实现苏北 120 万千瓦清洁能源输送至江南为镇江供电，相当于镇江全市尖峰负荷的 25%，远景最大传输能力将达 360 万千瓦，相当于 3 座镇江电厂（江苏华电句容发电有限公司、江苏镇江发电有限公司、国能江苏谏壁发电有限公司）的供电能力，从而为镇江地区提供了一个极为可靠的百万千瓦级电力供应保障增长点，有效提高了地方电力保供能力。

　　二是有利于助力低碳发展。通过交改直工程，在

"十四五"期末为镇江地区引入大规模苏北风电、光伏等新能源，以"电从区外来、传送清洁电"的形式有效推动镇江地区能源结构转型和碳排放压降，预计可提升镇江需求侧清洁能源占比约35%，相应每年可减少地方火电机组燃煤碳排放约400万吨。同时，在同电压等级下直流输送容量远大于交流输送容量，且传输网损更少，工程将显著提升能源利用效率。

三是有利于发挥示范引领作用。该工程线路全长约110公里（镇江境内长度11公里），总投资约29亿元（镇江境内投资超10亿元），是国内首个、全球最大的"交流改直流"输电线路工程，传输容量远超国外同类工程，也是国内首个电网嵌入式直流工程，可实现电网潮流灵活控制，具有很强的工程应用价值、品牌宣传价值和示范意义。

该工程在规划设计中十分重视国土空间资源的集约利用和合理释放，不断优化相关地区线路路径规划方案。一方面，在镇江高桥地区通过调整优化境内110千伏线路、拆除老旧杆塔等方式减少高桥区域高压线路约3.8公里，释放国土资源约234亩；另一方面，在镇江经开区境内通过集中调整圌山路现状多条高压线路路径，释放圌山路及其周边约2公里国土空间资源，为镇江经开区进一步改善区域风貌、优化营商环境提供助力。

·五峰山"交流改直流"输电线路工程

（二）推广运用抽水蓄能

抽水蓄能具有调峰、填谷、储能、调频、调相和紧急事故备用等作用。"十四五"时期是碳达峰的"关键期"，也是抽水蓄能发展的"窗口期"。国家能源局发布的《抽水蓄能中长期发展规划（2021—2035年）》明确要求"完善机制，应规尽规，能开快开，加快建设……为构建以新能源为主体的新型电力系统提供坚实保障"。

经预测，到2030年江苏省有2100万千瓦的抽水蓄能规模需求，已建成、在建和外省送入共计567万千瓦，尚有1533万千瓦的新增需求。镇江自然资源和地理条件相对优越，除在建的句容仑山湖抽水蓄能电站项目外，句容石砀山、韦岗青山湖、永兴坝（韦岗铁矿）等区域均具备抽水蓄能项目开发条件。镇江依托抽蓄主体工程项目，通过周边基础设施建设、生态环境修复、旅游产业导入、地下空间功能利用等，引进资源合作开发，形成"1+N"综合开发模式，实现区域整体发展，收获修复生态、培育产业、提升经济发展层次的综合效益。目前，句容石砀山、韦岗青山湖一期项目已纳入国家抽水蓄能中长期发展规划。韦岗铁矿抽蓄项目正在开展初步论证，待条件合适，力争增补纳入国家抽水蓄能中长期发展规划。

案例 2-4　打造镇江抽水蓄能示范集群

　　镇江市抽水蓄能电站集群包括句容仑山湖、句容石砀山、韦岗青山湖、永兴坝（韦岗铁矿）4 个抽水蓄能项目。

　　·句容仑山湖抽水蓄能电站　位于句容市边城镇，由国家电网投资建设，总投资约 96 亿元，总装机容量 135 万千瓦，共安装 6 台单机容量 22.5 万千瓦的可逆式水泵水轮发电机组，设计年抽水电量 18 亿千瓦时，设计年发电量 13.5 亿千瓦时。项目投运后，每年可节约燃煤消耗量约 14 万吨，减排二氧化碳、二氧化硫等 35.7 万吨。该工程于 2017 年 3 月正式开工，计划于 2024 年底首台机组投产发电，2025 年全部投产发电。项目建设创三项"世界之最"：1. 上水库是当今世界最高的抽水大坝。2. 仑山大坝是世界最高的沥青混凝土面板堆石坝。3. 仑山库盆是世界最大规模的填筑工程。

·蓄水后的句容仑山湖抽水蓄能电站

·**句容石砀山抽水蓄能电站**　位于句容市宝华镇，拟定装机容量 120 万千瓦，总投资约 81 亿元。该项目综合利用地下矿坑资源建设抽水蓄能电站的做法在全球尚属首创。

·**韦岗青山湖抽水蓄能电站**　位于润州区、丹徒区、句容市交界处，总装机容量约 240 万千瓦，计划分两期规划建设，一、二期项目分别建设 120 万千瓦。

·**永兴坝（韦岗铁矿）抽水蓄能电站**　位于润州区韦岗街道小高丽山附近。上水库拟利用既有正在清库的韦岗铁矿尾矿，下水库拟利用韦岗铁矿矿坑（隶属镇江市城市建设产业集团，一期开采权至 −260 米，目前已开挖至 −187 米。二期采矿许可证正在办理中，拟开挖至 −800 米，铁矿石开采量约 1400 万吨），初步考虑电站总装机容量 140 万千瓦，总投资 90 亿元。

（三）推进新型储能建设

"十三五"以来，随着新能源占比不断提高和电力负荷不断增长，镇江电网峰谷差不断扩大。2020年，全市系统峰谷差达157.6万千瓦，"十三五"时期年均增长率为8.2%，"十四五"时期峰谷差将进一步扩大。镇江坚持目标导向，加快新型储能项目建设，发挥新型储能响应快、配置灵活、建设周期短等技术优势，增加可再生能源并网消纳能力。

1. 引导新型储能技术创新应用。加快新型储能技术多元化发展，支持压缩空气储能、电化学储能、储氢能、储氨能等创新技术试点示范。以荣炳盐穴综合利用研究为契机，开展压缩空气储能研究，开展前瞻性、系统性、战略性储能关键技术研发，实现长时储能技术进入商业化发展初期。

2. 支持储能多元化发展。重点发展电网侧储能，鼓励新能源配建储能按照共建共享的模式，以独立新型储能项目的形式在专用站址建设，直接接入公共电网，更好发挥顶峰、调峰、调频、黑启动等多种作用，提高系统运行效率。2018年，镇江地区建成当时全球规模最大的电网侧电化学储能电站集群，总容量101 MW/202 MWh，采用"分散式布置、集中式控制"运行模式，有效提高电网调峰调频能力，提升分布式电源消纳水平，缓解电网供电压力。鼓励发展用户侧储能。充分利用峰谷分时电价等机制，鼓励企业用户和产业园区自主建设新型储能设施，缓解电网高峰供电压力。累计建成用户侧储能电站8.2 MW/30.2 MWh，采用低谷时段充电、高峰时段放电的运行模式，利用峰谷差价获利，还通过参与需求响应或辅助服务市场获取额外收益。支持发展电源侧储能，综合新能源特性、系统消纳空间和经济性等因素，鼓励因地制宜在风电、光伏场站内部配建新型储能设施，建设系统友好型新能源电站。支持燃煤电厂内部配建电化学储能、熔盐储能等设施，与燃煤机组联合调频、调峰，提升综合效率。

3.提升绿电应用水平。随着五峰山"交流改直流"输电线路工程建成，镇江作为苏南第一落点，拥有优先消纳绿电权，对减少地区能源消费总量、降低地区碳排放核算量、推动能源消费绿色低碳转型有重要意义。镇江正在加速推进"新能源＋储能"一体化开发，把储能作为绿电发展的重要支撑，提高绿电上网能力。同时，鼓励企业通过消费绿电获得碳排放等绿色环境认证，积极探索应对碳关税的绿电解决途径，提升外向型企业绿色贸易能力。

·调研推进盐穴压缩空气储能项目

案例 2-5 世界容量最大的电化学储能电站集群应运而生

  谏壁电厂是国内最大的火电厂，一直是江苏省东部地区电力供应的主力。2017 年 9 月，3 台 33 万千瓦的燃煤机组退役，由于新上的电力供应不上，经过测算，用电高峰期日供电缺口达 40 万千瓦时，导致江苏东部地区近 20 万人在夏季用电高峰时受到影响。为此，国网江苏电力有限公司决定利用新兴电化学储能技术解决 100 兆瓦负荷缺口。中国首个百兆瓦电网侧储能电站集群、同时也是世界容量最大的电化学储能电站集群应运而生。

  该项目在镇江东部地区建设了 8 个分散的储能电站，总功率和容量分别为 101 兆瓦、202 兆瓦时。镇江电网侧储能电站集群运行以来，充分发挥调峰、调频、调压等电网侧功能，在一定程度上解决了镇江电网 2018 年电力供应不足和电网投资利用效率不高的问题，同时还衍生出了提高镇江电网调节灵活性、源网荷需求协同性以及新能源接入友好性等附加价值，为全国提升电网建设运营质效贡献了电网侧储能的镇江智慧和镇江方法。自 2021 年以来，根据国家对电化学储能电站安全监管的相关要求，结合电站电池使用情况，有 4 座储能电站退役，目前保留 4 座储能电站，分别为大港（16 MW/32 MWh）、建山（5 MW/10 MWh）、丹阳（12 MW/24 MWh）和新坝（10 MW/20 MWh）。

  镇江电网侧储能电站集群的建成，对以后国内上马的大型储能电站有重要借鉴和示范意义，也是我国电网侧储能发展乃至新一代电力系统发展过程中的里程碑事件。

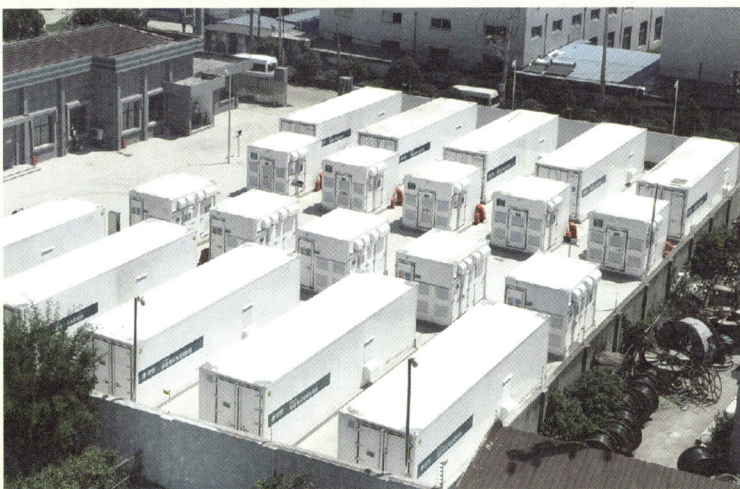

·镇江市电化学储能电站集群（位于北山、大港、丹阳、建山等地）

（四）稳妥实施电网改革

2016 年 8 月，国家启动增量配电改革，作为电力体制改革的重要组成部分，先后组织了 5 批试点，在我国电力发展和电力改革史上留下了浓重的一笔。镇江增量配电业务改革试点区域位于扬中高新区内。2017 年 10 月 26 日，全省首家混合所有制配售电有限公司正式在扬中注册成立；2018 年 3 月 20 日，取得江苏首张增量配电电力业务许可证（供电类）；2018 年 12 月，成功生成首张配售电公司财务凭证，在全省率先进入实质性运营新阶段；2019 年 6 月，公司成功受理江苏省首个增量配电区域用户的用电申请，并完成用电工程接电。2019—2022 年，扬中增量配电试点区域累计供电量约 2300 万千瓦时。

扬中高新区配售电有限公司建成具备屋顶分布式光伏、用户侧储能及天然气三联供的智能微电网示范项目，依托股东方的技术和产品优势，为用户提供建筑节能方案定制、配电房代维等服务。还与扬中市城市建设投资发展集团有限公司合作开展"扬中城北公交枢纽充电站建设"项目。该充电站用于扬中市电动公交车充电，占地面积约 14000 平方米，场地内设置 40 个专用充电泊位，配置 20 台充电桩，总容量 2520 千瓦，2022 年全年充电量达 100 万千瓦时。

（五）开发利用地热能源

地热能是一种绿色低碳、可循环利用的可再生能源，具有储量大、分布广、清洁环保、稳定可靠等特点。镇江引导浅层地热能在公共建筑、民用住宅以及乡村振兴和农村能源革命中发挥作用，加快浅层地热能与旅游、康养等产业融合发展，因地制宜开展地热能与种养业的综合利用，加强对中深层地热能和干热岩的研究和利用，扩展地热能应用场景。目前，包括江苏圌山旅游文化发展有限公司地热井在内的多个地热井项目正在实施中。镇江经开区行政服务中心裙楼、丹阳的南京师范大学中北学院和银湖生态酒店装机容量分别达到 473 千瓦、693.3 千瓦和 363.7 千瓦，供暖面积分别达到 27200 平方米、17488 平方米和 8000 平方米，有效释放了地热能的使用潜能。

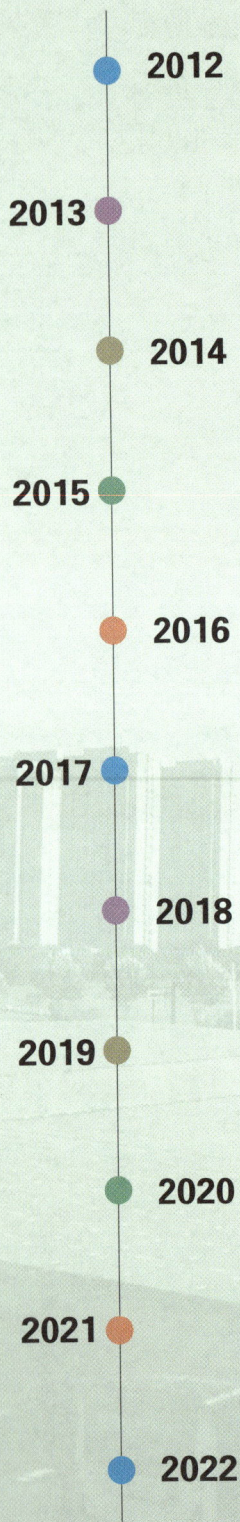

2012

2013

2014

2015

2016

2017

2018

2019

2020

2021

2022

03

第三章

加快低碳转型，助推产业绿色发展

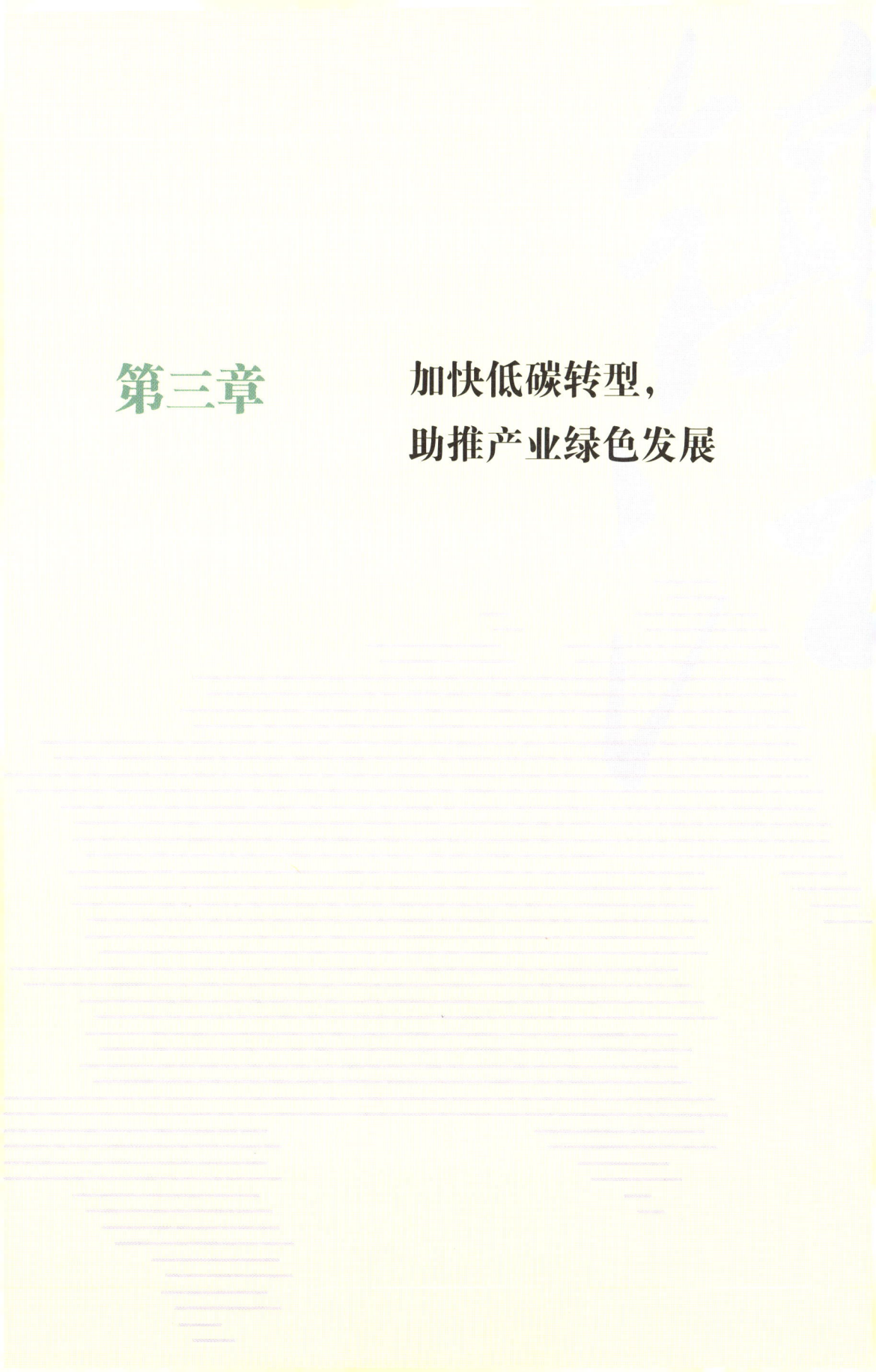

产业是发展的基石，城市低碳发展离不开产业在不断的集中、集聚中实现绿色转型。自 2012 年被列为低碳试点城市以来，镇江持续推动产业园区整合运营，稳步提升开发园区承载能力，不断优化调整产业布局，大力推进传统产业绿色升级，淘汰落后产能，积极培育新产业、新动能、新增长。近几年围绕打造"四群八链"，提高产业经济集约度，加快推进工业绿色制造体系建设，并深入实施省级现代服务业高质量发展"331"工程，现代服务业成为经济低碳增长的重要支撑，同时生态农业发展水平稳步提高。全市初步形成以高端装备制造、新材料产业为主体，现代服务业为支撑，生态农业为基础的现代绿色产业体系，经济发展质量和效益明显提升。

一、优化产业园区，整合运营机制

开发园区是经济高质量发展的主战场，在改善投资环境、引导产业集聚、发展开放型经济等方面发挥了不可替代的作用。为切实解决部分省级以下园区存在的"小、散、乱"问题，镇江在全省率先启动开发园区整合优化提升工作，形成功能布局合理、主导产业明晰、资源集约高效、产城深度融合、特色错位竞争、管理体制高效的开发园区发展新格局。

（一）围绕集约高效，整合优化开发园区

2021 年，镇江制定实施《关于推进全市开发园区整合优化提升的工作方案》，按照"整合优化一批、转型提升一批、淘汰撤销一批、建设打造一批"等"四个一批"的工作路径，严格控制开发园区总量，在数量上做"减法"，依托国家级、省级经济开发区和高新区，或通过"一区多园"的模式，按照牌子就高、

政策叠加、范围适当的原则，整合区位相邻、产业相近的省级以下工业园区。对未能纳入整合优化、转型提升的工业园区予以淘汰撤销，管理机构和牌子不再保留，结合国土空间规划合理安排利用腾退土地，不布局新增企业，不再安排新增工业用地指标。2022 年 7 月，将全市 56 个工业园区，特别是 46 个省级以下工业园区，整合到 10 个。同时结合编制的市县国土空间总体规划，划定各园区四周边界。

（二）明确发展定位，优化产业空间布局

对整合保留的开发园区，结合"四群八链"发展方向，进一步明确产业定位。原则上，每个园区突出 1 ~ 2 个主导产业，促进产业集中集聚发展。在此基础上，从产业和空间两个维度，研究编制全市产业热力图，为项目招引和企业投资提供参考和指引，推动园区产业链集群式发展，聚焦开发园区"链主"龙头企业，着力壮大企业规模、提升企业主导地位，发展配套产业和关联产业，进一步增强产业链韧性和竞争地位，加快构建主导产业突出、特色产业鲜明的园区产业发展格局。完善园区交通、电力、燃气、供热、供水、治污等基础设施建设，搭建实验检测、技术认证、营销推广、人才培育、管理咨询、融资贷款、项目申报等综合服务平台，为入园企业提供系统、全面、方便、高效的公共服务。加强政策、资金、环保设施等资源统筹，新增工业用地指标只投向整合优化类园区。实施普惠性、功能性、竞争性产业政策，推动产业扶持政策等资源要素，优先向整合优化类园区倾斜，构建银企对接平台，加大金融支持力度，健全弹性包容的监管制度，实现要素向园区集聚、项目向园区集中、产业向园区集群。

•镇江全市开发园区整合优化空间分布图

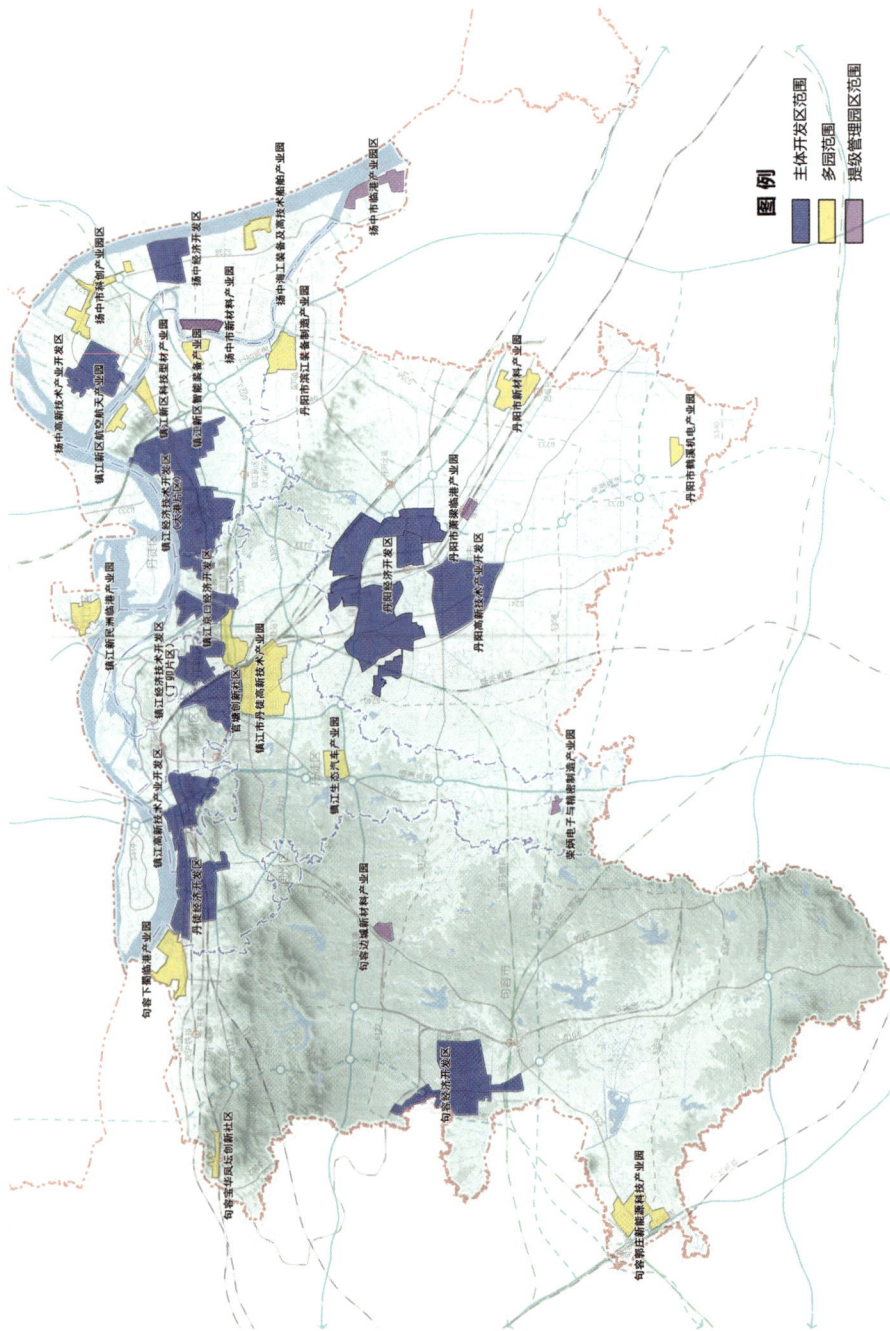

图 例

- 主体开发区范围
- 多园范围
- 提级管理园区范围

扬中市高新技术产业园区
扬中市新区科技智能家电产业园
镇江新区科技型材料产业园
扬中市新材料产业园
扬中市临港高技术船舶产业园
扬中市经济开发区
扬中市临港产业园
镇江新区航空航天产业园
镇江经济技术开发区
镇江新区新能源装备产业园
丹阳市滨江新材料产业园
丹阳市新材料产业园
镇江新区沿江产业园
镇江高新技术产业开发区
镇江经济技术开发区（丁卯片区）
丹阳市高新技术产业开发区
丹阳市临港产业园
丹阳市经济开发区
丹阳市高新技术产业园
官塘创新创业社区
镇江临港产业园
镇江市丹徒高新技术产业园
镇江生态汽车产业园
句容下蜀临港产业园
句容边城新材料产业园
黄桥电子与机械制造产业园
丹徒经济开发区
句容宝华民达创新社区
句容经济开发区
句容郭庄新能源科技产业园

镇江市国家级、省级开发区主导产业定位图

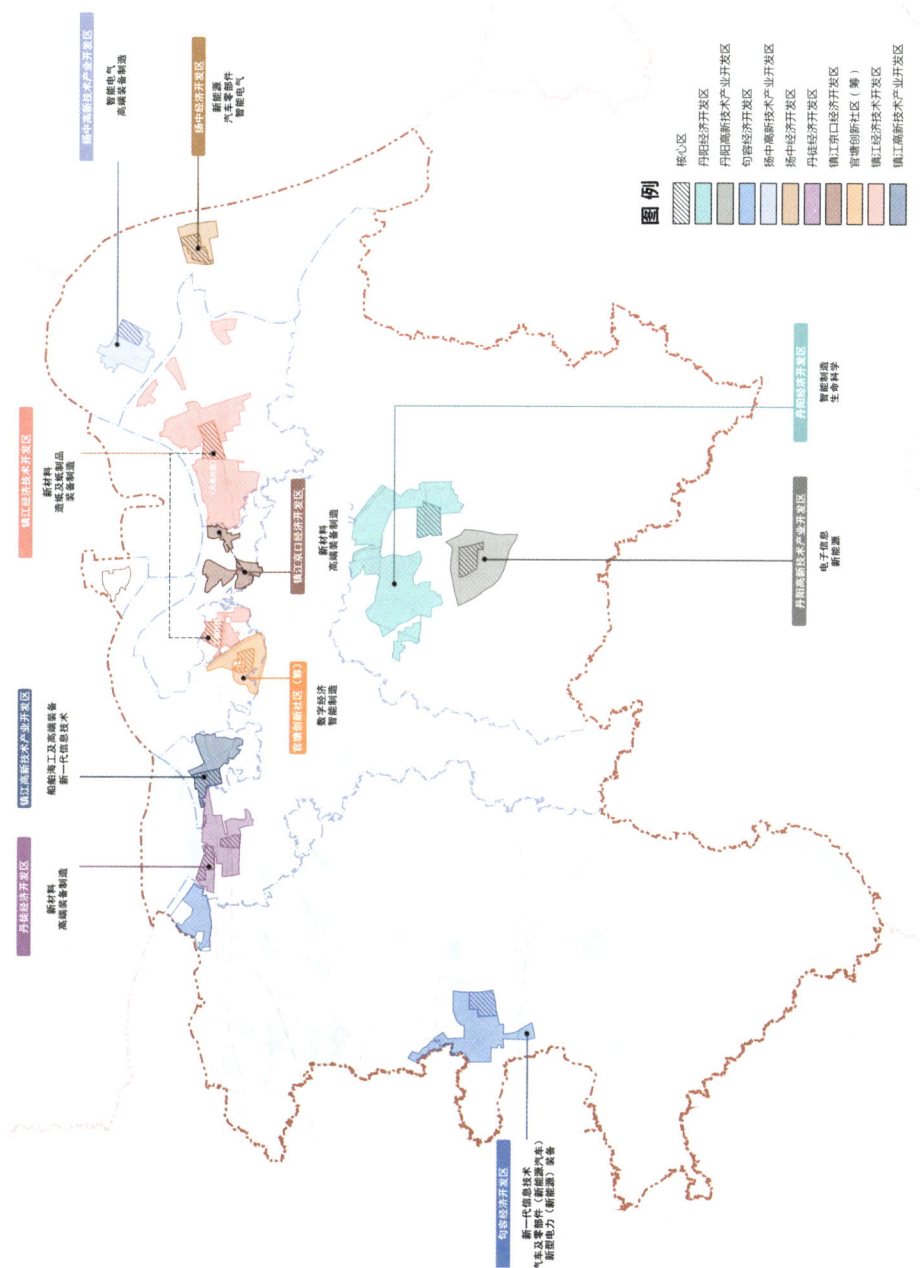

镇江高新技术产业开发区
新能源
高端装备制造

扬中经济开发区
新能源
汽车零部件
智能电气

镇江经济技术开发区
新材料
高端及低碳制品
装备制造

镇江出口加工经济开发区
新材料
高端装备制造

智造创新社区（筹）
数字经济
智能制造

镇江高新技术产业开发区
船舶海工及高端装备
新一代信息技术

丹徒经济开发区
新材料
高端装备制造

丹阳经济开发区
智能制造
生命科学

丹阳高新技术产业开发区
电子信息
新能源

句容经济开发区
新一代信息技术
汽车及零部件（新能源汽车）装备
新型电力（新能源）装备

图例
核心区
丹阳经济开发区
丹阳高新技术产业开发区
句容经济开发区
扬中经济开发区
扬中高新技术产业开发区
丹徒经济开发区
镇江综合保税区
智造创新社区（筹）
镇江经济技术开发区
镇江高新技术产业开发区

（三）构建高效机制，加强统一运营管理

推动主体开发区统筹"一区多园"管理，再相应辐射联动园区和提级管理园区，设置主体开发区职能机构性质的管理办公室，推行"六个统一"，即统一领导体系、统一规划布局、统一政策保障、统一招商引资、统一目标考核、统一审批服务。坚持"去行政化"，将开发园区社会治理、民生保障等社会管理职能剥离，交由所在镇（街道），让园区重点聚焦产业发展、项目招引、科技创新等经济职能，力争实现园区承担经济管理、科技创新、营商环境打造等职能的机构比例提高至70%以上，激活园区发展内生动力。推行"以岗定薪"模式，推动资源向招商引资、项目服务一线倾斜。强化顶层设计，考评激励更加有力。树立"以项目论英雄，以产业论实力"的鲜明导向，制定印发《2023年开发园区项目招引建设季度考评办法》，对各开发园区每季度的项目招引、项目建设、项目监管、土地保障目标任务完成情况进行测算考评，考评结果

·推进开发区及经济发达镇改革工作

运用到全市高质量考核中。严格落实开发园区"红黄绿"牌机制,园区年度项目招引建设考评前两名亮"绿牌",给予通报表扬;考评最后一名亮"黄牌",对园区主要负责人进行约谈;连续两年考评"黄牌"的园区亮"红牌",按照干部管理权限对亮"红牌"的园区主要负责人进行组织调整,以考评指挥棒督促各园区在项目招引建设上持续发力。

二、提升传统产业低碳发展能力

传统产业是镇江产业体系的重要组成部分,其依托工业低碳工艺革新,不断推动传统产业绿色升级,加快向高端化、绿色化、智能化迈进。

（一）加强传统产业节能降碳

把传统产业作为节能降碳的重点,深入实施节能降碳改造升级,让传统产业在新形势下焕发新动能。编制印发《镇江市工业领域节能技改行动计划（2022—2025年）》,指导全市工业企业节能降耗,进行产业结构调整。在水泥、造纸、钢铁、有色金属、化工、建材等重点行业开展能效对标达标活动,推广能效提升共性解决方案,全面梳理年耗能1万吨标准煤以上的重点用能单位的能效情况,"一企一策"下达能效对标提标目标,倒逼企业加快实施节能降碳改造,带动行业能效水平整体提升。为加快构建绿色制造体系,携手重点企业,瞄准行业先进水平,着力推进工艺技术绿色化、用能设备高效化、用能结构低碳化,推动传统产业节能化、高效化。同时将火力发电、纺织、食品等高耗能行业作为重点,加快淘汰高耗能工艺技术和落后装备,提升工业用能效率,创建了一批节能型企业。

镇江江南化工有限公司进入全球农化销售 20 强行列，是中国氟硅行业领军企业，是浙江新安化工集团股份有限公司的全资子公司，主营农用化学品、有机硅材料两大产业，秉承"绿色化学创造美好生活"的理念，以降碳为己任，走出了一条以草甘膦、有机硅为核心，以氯资源、磷资源、硅资源循环为产业特色的绿色化工之路，先后获得"江苏省循环经济试点企业""江苏省清洁生产先进企业""镇江市绿色工厂"等荣誉称号。

该企业的草甘膦生产节能减排项目，通过改造浓缩装置原单效浓缩的工艺，采用四效热泵进行浓缩，降低蒸汽用量，整体节能量 13839.0 吨标煤，单位产品用能量下降 27.7%；碳排放量减少 27090.7 吨/年，单位产品碳排放强度下降率为 22.5%。

该企业的 10 万吨/年有机硅装置改造项目，采用高效旋风及多效热耦合精馏等技术。对比原工艺，项目整体碳排放量可减少 10126.4 吨/年，单位产品碳排放强度下降率为 40.7%。

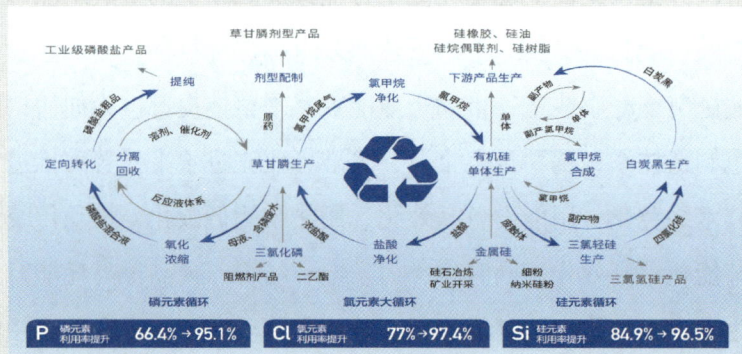

· 氯—硅—磷三元素绿色循环生产示意图

（二）加快淘汰落后产业产能

坚持先立后破，在产业转型升级做"加法"的同时，对落后过剩产能做"减法"，一方面深化供给侧结构性改革，另一方面以产业结构偏重、能源结构偏煤和"两高"项目集聚度较高的园区为重点，摸清区内重点行业企业落后工艺设备底数，依法依规淘汰落后产能，有效化解过剩产能，量质并举推动高质量绿色发展。

自 2012 年以来，全市累计对 7000 余家企业开展工业企业资源集约利用综合评价，先后开展"263"、"四个一批"、工业"散乱污"等专项治理行动，依法依规推动落后产能退出。同时，对未完成淘汰落后产能任务的企业，实行严格的惩罚措施；对瞒报落后产能、谎报工作进展情况的地区，实施行政问责，彰显淘汰落后产能的决心。

"十三五"以来，全市累计完成淘汰落后产能项目 201 个，严控化工企业数量，取消 1 家化工园区产业定位，累计关停化工企业 500 多家，化工企业数量下降 80% 以上，单位 GDP 能耗累计下降 25.7%。截至 2021 年，累计实施去产能项目 167 个，压减水泥产能 508 万吨、钢铁产能 60 万吨，淘汰电镀产能 10.4 万吨、焦炭（碳素）产能 95 万吨、铸造产能 2.2 万吨。

（三）促进绿色工厂建设改造

绿色工厂是构建绿色制造体系最为关键的一环，尤其高质量的绿色工厂是实现绿色发展，促进行业结构优化、提质增效的重要途径。2016 年，镇江市在国内率先启动市级"绿色工厂"创建工作，并组织培训。2017 年初，紧密围绕《中国制造 2025》大力推动绿色制造，构建绿色制造体系。遵照"厂房集约化、原料无害化、生产洁净化、废物资源化、能源低碳化"的原则，从基本要求、基础设施、管理体系、能源资源投入、产品、环境排放、绩效等方面，建立绿色工厂系统评价指标体系，提出绿色工厂评价要求，并召开创建绿色工厂工作推进会，将创建任务分解落实到各辖市区。在创建工作推进过程中，以国家级绿色工厂为标杆，全面推进国家、省和市级绿色工厂的培育，邀请国内一流机构实施集中辅导和点对点专题指导，迅速补齐企业薄弱环节，全方位提升绿色工厂水平。随着企业需求增加，积极提供更精准的服务，与世界自然基金会（WWF）、国际铜业协会、瑞士 TOP10 节能中心等国际机构合作，针对绿色工厂创建过程中的技术难题，加强技术攻关，通过举办绿色工厂创建专场辅导会、绿色工厂现场诊断等系列特色活动，促进企业绿色化达到行业领先水平。

作为全国工业绿色转型发展示范城市，创新性地提出分级培育措施。设置"一星级、二星级、三星级"3 个等次，并实施动态管理，使企业在绿色工厂创建上做到行业有标杆、赶超有目标，在跨入"市级绿色工厂"门槛后，仍持续不断提升自身绿色制造水平。

镇江工业占据"半壁江山"，没有工厂的绿色，就没有工业的绿色；没有工业的绿色，更没有城市的绿色。在创建绿色工厂的基础上，鼓励开发绿色产品，打造特色绿色园区，培育绿色供应链，将绿色落实到工业制造中去。截至 2022 年末，累计培育市级以上绿色工厂 118 家、国家级绿色园区 1 家、绿色供应链管理企业 1 家、绿色设计产品 3 个，其中国家级绿色工厂 18 家、省级绿色工厂 24 家，形成了具有"镇江品牌"特色的绿色工厂培育模式，打造了北汽蓝谷麦格纳汽车有限公司、镇江大全集团有限公司、索尔维（镇江）化学品有限公司、江苏磁谷科技有限公司、江苏明月光学眼镜有限公司、天奈（镇江）材料科技有限公司等绿色工厂示范企业。

案例 3-2　鹤林水泥节能减碳绿色升级

江苏鹤林水泥有限公司成立于 2003 年，现拥有 1 条日产 2500 吨、2 条日产 5000 吨的熟料新型干法水泥生产线和 2 座配套余热电站。利用 355 米长江黄金岸线建设了 5 万吨级码头和连接鹤林水泥生产基地的 5 公里密闭输送管带，形成水泥 950 万吨和货物吞吐量 850 万吨的产能规模，公司综合竞争力在全省水泥行业名列前茅。

该公司为建设"资源节约型、环境友好型"企业，全力推进减排技术提升，推动产业绿色可持续发展，实现了氮氧化物稳定在 40 毫克以下、二氧化硫稳定在 20 毫克以下、烟尘低于 9 毫克、粉尘低于 5 毫克的空气质量指标。根据碳排量核算结果，建立内部碳排模型，以减污染、减能耗、减排放和优管理为落脚点，从探索窑炉富氧燃烧技术、低碳水泥研究、开发利用清洁能源，以及实施燃料替代工程出发，不断完善智慧工厂建设，多渠道、多层次推进减排降碳工作。实施深度减排、减碳推进技术与管理提升工程，坚持低碳水泥产业化布局，围绕低能耗、低污染、低排放和循环利用 4 个方面，推进工艺装备更新提升和智能化技术改造。截至 2022 年底，实现单位污染物排放量下降 41%、至 0.05 公斤以内，全面提升公司清洁生产水平。

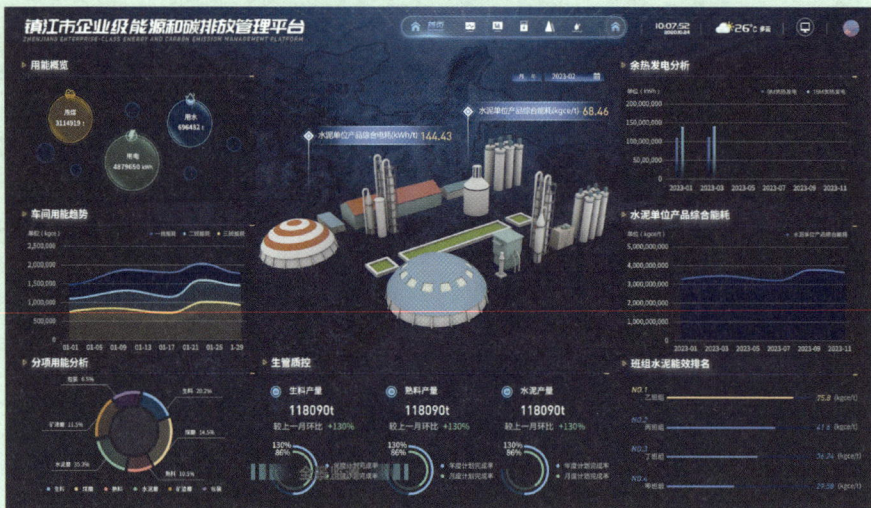

· 鹤林水泥能源和碳排放全景监测图

北汽蓝谷麦格纳汽车有限公司是镇江首批国家级绿色工厂，作为全市产业发展的重要项目，不仅承载着汽车整车镇江造的使命，而且频频刷新绿色发展的行业记录。在各级党委和政府的有力支持保障下，持续推动工业绿色转型和循环经济发展，实现生态效益、经济效益和社会效益的和谐统一。

该公司作为极狐汽车的高端新能源智能工厂，以绿色为引领，实施绿色制造和智能制造，拥有完整的整车生产四大工艺车间，将清洁生产应用在每一处细节上，从制造

· 北汽蓝谷麦格纳成品车太阳能停车场

第三章　加快低碳转型，助推产业绿色发展

环节开始建立产品全生命周期的绿色管理体系。在传统焊接车身工艺中，加入了 FDS、SPI 等工艺，采用钢铝混合车身，减轻整车重量，车身部件采用铆接、电阻焊替代二氧化碳保护焊，减少颗粒物产生；在汽车面漆上，采用最先进的 B1B2 免中涂工艺，无中涂、中涂烘干、中涂打磨等工序，降低涂装作业污染物，并实现废气高效率回收利用、废水高标准回收处理，使北汽蓝谷麦格纳汽车有限公司成功实现由传统燃油车生产基地向纯电动多用户高端新能源汽车制造、试验基地的转化，其所生产的极狐纯电动汽车成为国内新能源汽车技术领先的高端品牌。北汽蓝谷麦格纳走出了一条融合北汽精神和镇江特色的"绿色、智能、低碳"的转型升级之路。

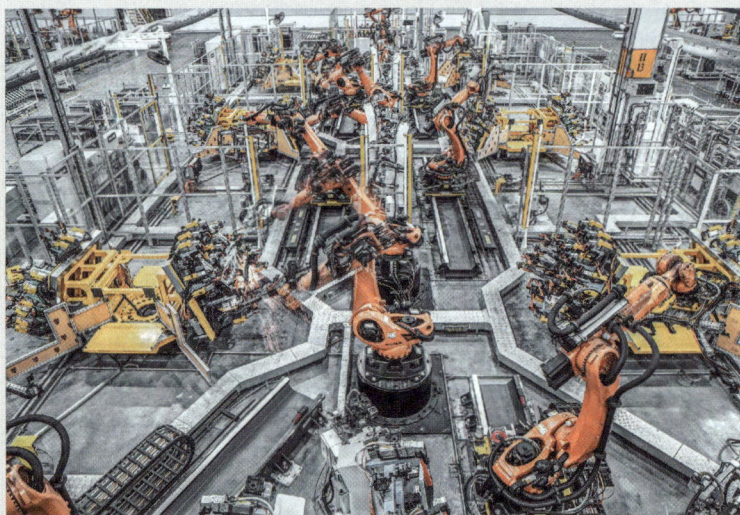

· 北汽蓝谷麦格纳智能生产车间

案例 3-4　索普集团坚持节能、降耗、减污、增效

　　江苏索普（集团）有限公司（以下简称"索普"）始建于 1958 年，经过 60 多年的发展，特别是 1985 年以来，以其化工优势与高等院所合作，形成以醋酸为核心的煤化工、以 ADC 发泡剂为核心的精细化工、以硫酸为核心的基础化工三条产业链，并逐步涉足生物化学、材料化学、互联网物流、工程建设、科技服务等领域，现已发展成为集科、工、贸、服务于一体，跨地区、跨行业的大型企业。下属江苏索普化工股份有限公司为上市公司。

　　该公司"聚焦环境、聚焦创新"，积极落实国家"双碳"要求和长江大保护战略，以技术创新为引领，推动绿色低碳发展，稳固企业在醋酸行业的领先地位。近几年，索普作为江苏省首批清洁生产试点单位，围绕"高产、高质、高效、低耗"目标，采用技术创新的清洁生产工艺，将清洁生产活动和循环经济活动贯穿于生产全过程，推进"节能、降耗、减污、增效"，取得了良好的经济效益、社会效益和环境效益。在资源综合利用、水循环利用，以及物料闭路循环方面，每年综合利用创造产值 6000 多万元，水循环利用率达 90% 以上，有效实现了工业生产的良性循环，促进了企业的可持续发展。其中，深化实施硫化氢尾气治理，采用荷兰荷丰三级克劳斯技术，综合处理效率达到 99% 以上，解决了装置异味扰民问题。副产物硫磺直接作为公司生产原料，并且每年回收 4 万吨蒸汽，成为企业绿色循环经济发展的一个新亮点。与此同时，索普还积极探索离子液、微界面等

绿色低碳新技术应用，练好优于业内同行的碳排放基本功，同时制定长期发展规划，加强研发、消化和引进碳中和技术，布局新发展领域，谋求在碳中和相关行业的发展机遇，促进企业全面绿色转型。

在迈向高质量发展的新征程中，索普主动对标"双碳"目标，围绕"总量控制、技术引领、创新碳源、回收利用"四项原则，持续推进更高水平绿色企业建设，创下了煤气化炉连续运行的世界纪录，并实现了企业内及周边环境质量的不断提高。2017年，储罐和发车岛VOCs回收项目被列为江苏省VOCs治理十大示范工程之一。同年，建成投运锅炉脱硫脱硝除尘环保提升装置，主动将烟气排放指标提高到"超低排放标准"，此项目作为环保亮点，入选电视纪录片《我们一起走过——致敬改革开放40周年》。安全风险实时监测与识别场景入选工业和信息化部"2021年度智能制造优秀场景名单"，索普获得"江苏省绿色工厂""国家高新技术企业"等称号。

· 江苏索普（集团）有限公司储罐和发车岛 VOCs 回收项目

三、构筑绿色新兴产业发展体系

镇江积极集聚绿色要素，汇聚绿色新兴产业发展合力，围绕打造"四群八链"目标，扎实开展"产业强链"行动，深入推进产业链、创新链、人才链、资金链、服务链、政策链"六链"与绿色要素有机融合，不断夯实绿色新兴产业根基，全力助推绿色新兴产业体系建设。

（一）调整产业结构，打造绿色制造群链

产业链集群作为最具生产活力的空间组织形态，是推动高质量发展的必然要求。为顺应时代发展的潮流，镇江市委、市政府提出产业强市"一号战略"，重点打造"四群八链"。"四群"，即高端装备制造、生命健康、数字经济、新材料四大产业集群；"八链"，即新型电力（新能源）装备、汽车及零部件（新能源汽车）、

·调度推进"四群八链"重点产业项目建设及发展

高性能材料、医疗器械和生物医药、新一代信息技术、航空航天、海工装备、智能农机装备八条产业链。

自"一号战略"提出以来，镇江市通过实现土地节约、绿色生态和产城融合发展，以核心企业带动区域产业链绿色升级，释放集聚红利，推动城市绿色发展。为确保产业链供应链稳定，保障产业群凝聚力，全力推动"四群八链"高质量发展，有效提升两业融合推进成效。同时，以四大产业集群、八条重点产业链为突破口，推动高端装备、数字经济、生命健康、新材料等产业链群优势重塑、价值跃升、低碳转型。注重政策滴灌，增加企业科研投入；发挥企业科技攻关引导资金作用，梳理遴选企业重大技术需求；持续推动科技资源开放共享服务平台建设，实施"新型研发机构落地融合"计划。

· 镇江市新型电力（新能源）装备产业联盟成立大会

目前，"四群八链"成为全市制造业保持稳定增长的主引擎。2022年，全市高端装备制造、新材料、数字经济和生命健康四大主导产业集群实现应税销售额3969.2亿元，增长12.8%，高于工业平均增幅4.9个百分点，占全市比重74%；八条重点产业链实现应税销售额3245.8亿元，增长14%，高于工业平均增幅6.1个百分点，拉动全市工业增长8个百分点，对全市规上工业增长贡献率达102.4%。"四群八链"的不断发展，为镇江迈向高端制造和低碳城市奠定了重要基石。

· 镇江市新一代信息技术产业联盟成立大会

· **新型电力（新能源）装备产业链**　重点发展融入物联网、云计算、大数据等技术的智能电气装备制造，提高绝缘新材料和核心元器件本地配套能力，并在特高压、二次设备等领域取得突破。

· **汽车及零部件（新能源汽车）产业链**　重点发展新能源汽车整车制造和精密化、轻量化的汽车零配件产业，提前布局智能网联汽车和燃料电池汽车。

· **高性能材料产业链**　围绕航空航天、海洋工程、轨道交通等重点领域高端装备材料需求，发展先进钢铁材料、轻合金材料、铝板带材料、碳纤维及复合材料。

· **医疗器械和生物医药产业链**　重点发展核磁共振、智能可穿戴设备、医用高分子耗材等重大高端医疗装备，加快基因重组、创新药物研发等生物医药服务和生产进程，推动智慧健康管理系统、医疗资源云端等数字化应用。

· **新一代信息技术产业链**　主动对接长三角数字经济创新资源，打造智能硬件研发转化和制造高地。发展大数据相关产业，打造辐射长三角的大数据备份中心。以集成电路配套材料为突破口，发挥本地化工企业优势，加强关键材料研发制造。

·**航空航天产业链**　重点发展大飞机机体、机翼、副翼、垂尾、客舱设备及内饰件等关键部件制造，通航整机研发和制造，航空航天高性能纤维材料制品、复合材料构件、钛合金材料精密成型件等关键结构件制造，通航应用（短途客运货运、农林喷洒、医疗救援），辅材制造，辅材模具制造等。

·**海工装备产业链**　巩固现有特种船舶、中速柴油机、螺旋桨等成套设备全国领先地位，在新型大功率综合电力推进系统、智能（无人）控制系统、多功能特种船舶、船舶岸电装备和控制系统等领域加快关键技术研发和突破。

·**智能农机装备产业链**　重点发展无级变速大型拖拉机、大型高效喷灌机械、高效能联合收获机、半喂入联合收割机、多功能联合收割机、无人植保机等全程作业智能整机装备。

（二）推进数字赋能，助力制造绿色转型

数字技术是赋能制造低碳转型的关键抓手。镇江依托人工智能数字技术，推动产业绿色发展。紧扣四大产业集群和八条重点产业链，推进制造业智能化发展，深入实施"产业链+智能制造"，增强产业核心竞争力，全面提升产业高质量发展水平。聚焦智能电气、医疗器械、汽车及零部件、新材料等重点领域，实施智能制造试点培育行动，建立国家、省、市智能车间（工厂）培育资源池。在打造公共服务平台方面，持续发力提升智能制造产业服务能力，成立了江苏省首个市级智能制造服务联盟，聚集智能制造服务资源，满足企业需求，并以需求为导向，通过政府购买服务为企业提供智能制造诊断和个性化专家咨询，破解企业"不想转、不敢转、不会转"的问题。同时，强力推进数字产业化，招引了微软（镇江）数字经济创新中心、华为（镇江）数字联合创新中心、阿里云创新中心等一批重点项目落地建设，大禹山创意新社区创成省级信创先导区，镇江成为全省第四个建设培育省级信创先导区的城市。

· 2023 阿里云创峰会暨长三角（镇江）数字经济发展高峰论坛

· 微软云暨移动技术孵化计划——镇江数字经济创新中心项目签约

· 华为技术有限公司与镇江市工信局签署"智改数转"框架合作协议

截至 2022 年底，全市累计培育省级星级上云企业 532 家、工业互联网标杆工厂（平台）20 个、智能制造示范工厂（车间）107 个，创成国家智能制造试点示范工厂揭榜单位和优秀场景项目 4 个。2022 年，全市数字经济核心产业主营业务收入突破 600 亿元，产业数字化、绿色化已经全面布局起势。

案例 3-6　智能制造助力加速跑，数字转型激发新动能

老工业城市集中了不同历史时期国家布局建设的重点项目，是振兴实体经济、建设制造强国的重要阵地。近年来，镇江在制造业智能化方面积极探索、主动创新，以推进制造业智能化发展为抓手，深入实施"产业链 + 智能制造"，推动新一代信息技术与制造业深度融合，增强产业核心竞争力，加快重构制造业竞争优势，全面提升产业高质量发展水平。截至 2022 年底，已创成省级智能制造领军服务机构 3 家。"镇江做法"被国家发改委总结为老工业城市在推动制造业智能化领域的典型案例及好做法、好经验，并在全国推广。

镇江以数字技术赋能产业绿色低碳转型，把握智能化和绿色化协同发展的内在关联性，不断探索智能化助力绿色发展的现实路径，从顶层设计、技术创新到产业协同，再到以数字化技术应用促进节能减排，智能化与绿色化融合互促，从深度和广度两个方面直接影响碳达峰、碳中和目标的实现进程，为其他类似的老工业城市提供了一份较为可行的方案，并在数字技术和绿色经济发展的契合点持续发力，实现经济高质量发展，有力有序推动"双碳"目标落实。

中华人民共和国国家发展和改革委员会

国家发展改革委办公厅关于通报表扬 2021 年推进老工业基地调整改造和产业转型升级工作成效明显城市的通知

有关省、自治区、直辖市发展改革委：

按照《"十四五"支持老工业城市和资源型城市产业转型升级示范区高质量发展实施方案》（发改振兴〔2021〕1618 号）和《对老工业基地调整改造真抓实干成效明显地方进一步加大表扬激励支持力度的实施办法》（发改办振兴〔2022〕63 号）的有关要求，经各省（区、市）推荐，现对 2021 年推动老工业基地调整改造和产业转型升级工作成效明显的北京市石景山区、河北省唐山市、山西省长治市、内蒙古自治区包头市、辽宁省沈阳市、吉林省白城市、黑龙江省齐齐哈尔市、江苏省镇江市、安徽省芜湖市、江西省萍乡市、山东省淄博市、河南省鹤壁市、湖北省襄阳市、湖南省邵阳市、广东省韶关市、重庆市大渡口区、四川省攀枝花市、陕西省宝鸡市、甘肃省天水市、宁夏回族自治区石嘴山市等 20 个城市给予通报表扬。

请受表扬城市不骄不躁、再接再厉，扎实推进 2022 年各项工作。请各相关城市借鉴好做法、好经验，以更大力度、更有效举

·镇江市老工业基地调整改造和产业转型升级工作获国家发改委通报表扬

【深化"智转数改"加速制造业转型——老工业城市制造业智能化典型经验做法系列之一：常州市、镇江市】

常州市：赋能工业互联网，构建产业发展生态

常州市将制造业智能化改造作为转型发展的关键增量，抢抓新工业、新能源机遇，优化数字经济产业布局，推进产业迭代升级，在工业互联网等领域取得新突破。

镇江市：智能制造助力加速跑，数字转型激发新动能

镇江市全面对接中国制造2025战略，以推进制造业智能化发展为抓手，深入实施"产业链+智能制造"，增强产业核心竞争力，全面提升产业高质量发展水平。

🔗深化"智转数改"加速制造业转型——老工业城市制造业智能化典型经验做法系列之一：常州市、镇江市

· 老工业城市制造业智能化典型经验做法获国家发改委宣传报道

案例 3-7　守正创新迈向低碳未来

　　孚能科技（镇江）有限公司成立于 2018 年，由孚能科技、中国国新、镇江经开区三方共同发起，是全球领先的软包动力及储能电池生产商，也是中国首批实现三元软包动力电池量产的企业之一。在"双碳"背景下，企业秉持"提供绿色能源，构建智能世界"的使命，将"环境、社会、治理"工作视为高级管理人员职责并融入日常经营之中，致力于系统指导和统筹企业在绿色低碳方面的实践行动，不断完善指标考核体系，推进各项管理措施的落实。

　　针对动力电池生产过程中产生的少量废气、废水、固体废弃物和噪声，依照有关法律法规妥善处置废气，并高空排放；废水经预处理后接管污水处理厂，达到排放标准

·推进"孚能年产 24GWh 锂离子电池项目"建设

·孚能智能化生产线

后排放；固体废弃物全部委托有资质单位进行处置，不外排；采取安装减振装置、墙体隔音、距离衰减等一系列措施减少噪声。目前，该公司聚焦软包锂离子电池的研发、生产和销售，创造出引领行业发展的清洁能源解决方案。

该公司作为国内清洁能源制造业的先行者和示范者，通过物联网、工业互联网、大数据等新一代信息技术赋能绿色低碳发展，形成高精度、高速度、高可靠性、无人化、可视化、信息化的"三高三化"独特优势，入选《国家重点节能低碳技术推广目录（2017年本，节能部分）》。

2022年，获得碳排放 ISO 14064 认证，单位产品能耗相较 2021 年降低 35% 以上，光伏发电量超 2100 万千瓦时，首次参评并获 CDP 气候变化"B-"评级等低碳减排成果，有效推进低碳绿色化、制造智能化双转型。

案例 3-8 大全集团智能绿色发展迈向世界先进企业

大全集团有限公司创立于 1965 年，主要研发生产中低压成套电气设备、智能元器件、轨道交通设备、新能源硅材料，是中国机械工业 100 强企业、国家创新型企业、国家重点高新技术企业、国家首批绿色工厂、全国文明单位、全国五一劳动奖表彰单位。

该公司作为电气、新能源、轨道交通领域的领先制造商，深刻认识其面临着产业结构和能源结构调整的严峻挑战，同时也面临着先进绿色低碳快速发展的重大机遇。该公司结合落实习近平总书记关于制造强国战略重要论述和对江苏工作重要指示精神，以深化新一代信息技术与制造业融合发展为主线，以智能制造为主攻方向，结合"双碳"工作规划，加快推动制造业质量变革、效率变革、动力变革，着力提升产业链供应链现代化水平，为加快建设制造强省，以及实现碳达峰、碳中和目标提供有力支撑。

该企业围绕"数字大全"战略，不断推进智能化改造和数字化转型，以数字化促进绿色化，在实现智能制造的过程中，提升生产效率，减少各种浪费，打造数字化、智能化、网络化的智能制造工厂，为绿色制造提供了强有力的支撑，实现可持续发展，向世界先进企业的目标迈进。2022 年，被工业和信息化部评为"智能制造示范工厂"。

· 大全集团科技园——集团大楼

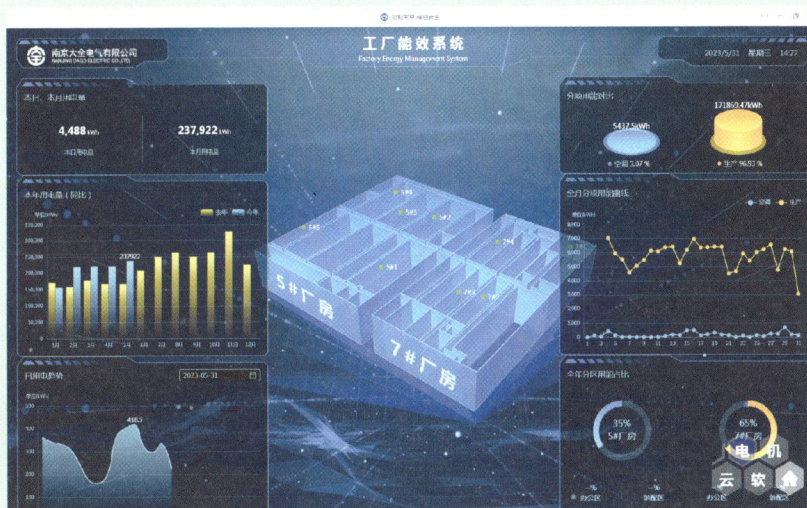

· 大全集团工厂能效管理平台

案例 3-9　中节能太阳能科技企业绿色转型

中节能太阳能科技（镇江）有限公司是大型中央企业——中节能太阳能股份有限公司的控股子公司，主要从事光伏太阳能电池与组件的制造与销售，致力于光伏技术研发、系统设计和实施。该公司坚持"创新、低碳、绿色、节能"的发展理念，加大产品研发和技术升级投入，成为第一批光伏"领跑者"企业，在绿色环保领域形成具有竞争力的产品格局。

该公司推进智能化与绿色化融合，推行资源能源数字化、智能化管控系统，实现资源能源动态监控和管理，进行智能制造，建立了产品全生命周期基础数据库及生产过程物质流和能量流数据库。以从源头削减污染物为切入点，改革生产工艺装备，采用先进适用清洁生产工艺技术实施升级改造，进一步淘汰落后产能。采用先进节能技术与装备，建设厂区光伏电站、智能微电网和能管中心，优化工厂用能结构。实施水资源利用高效化改造，加强节水型企业建设，以提高用水效率、保护水环境为目标，采用水系统平衡优化整体解决方案等节水技术进行改造，其中电池二车间通过设备改进、工艺调试等方法每天节约纯水用量约 40 吨。经过尾气处理后的有机物清除率从 85% 提升至 95% 左右。按照组件产品出货量 940 兆瓦计算，年绿色电力产出可达 99828 万千瓦时，相当于节约标煤 50 万吨/年，减排碳氧、氮氧化合物 130 万吨/年，二氧化硫 4350 吨/年，粉尘 8500 吨/年。

该公司获得"国家高新技术企业""江苏省管理创新优秀企业""江苏省知识产权战略推进单位""镇江市质量诚信承诺单位""江苏省节水型企业"等称号，2019年被评为国家级绿色工厂，2020年获评镇江市第一批环保示范性企业，2022年获评江苏省绿色发展领军企业。

·中节能太阳能科技（镇江）有限公司及其生产车间

（三）深化校企融合，培育绿色科创主体

人才优势是一座城市最具潜力的优势之一。镇江的科技人才资源超越全国 82.5% 的城市。牢牢把握人才优势，顺应产业发展和科技创新大势，加强与高校合作，建立定制人才渠道，加快对人才的引进培育，推动产业高质量发展。多次举办高校院所走进镇江产学研对接活动，重点加强绿色低碳产业领域创新合作。其中，举办高校院所走进镇江线上对接活动，达成合作意愿 119 项，涉及绿色低碳项目 15 项，包含能源集约节约利用、节能减排降碳、重污染 / 固废无害化处理、传统产业绿色转型等方向。

创新企业作为推动高质量发展，建设现代化经济体系的重要主体和推动绿色发展的重要力量，具备绿色低碳发展意识高、意愿强的特性。镇江高度重视培育高新技术企业发展，并将其作为深入实施创新驱动发展战略、推动高新技术产业发展的重要举措，也作为科技创新工作的重要内容。在健全工作制度、出台系列政策、不断完善高企的培育和服务机制的基础上，全力落实各项惠企措施，充分释放政策红利。在此基础上，不断加强高新技术产业载体建设，深度推进产业园区投入、孵化平台建设等，积极实施"千企升级"行动计划、高新技术企业"小升高"计划，建立高成长性科技型中小微企业的挖掘、培养、扶持机制，大力培育科技型中小企业、专精特新企业和高新技术企业。通过技术不断创新，为企业绿色发展注入新动能。全市高新技术企业总数从 2011 年的 238 家增加到 2022 年的 1221 家，基本形成"以高新技术企业为骨干，创新型领军企业、民营科技企业、科技型中小企业为支撑"的创新企业梯队。镇江惠龙易通、美科太阳能两家企业入选中国独角兽企业，总估值 25.4 亿美元，独角兽企业数量位列全国第 19。讯捷医疗首次入选中国潜在独角兽企业，也是镇江首个中国潜在独角兽企业。

案例 3-10　磁谷科技探索绿色技术创新

　　江苏磁谷科技股份有限公司成立于 1998 年，占地面积 30 亩，专业从事研发、设计、生产、销售除铁器、起重永磁铁、永磁耦合联轴器、永磁耦合软启动器、永磁耦合调速器等系列永磁传动类产品，获得国家专精特新"小巨人"企业、首批国家级绿色工厂、国家高新技术企业、国家知识产权优势企业、工信部节能诊断服务机构等荣誉称号。

　　该公司建有江苏省永磁起重与永磁传动工程技术研究中心、江苏省企业技术中心，并高度重视产学研合作，先后与中国科学院上海硅酸盐研究所、中国船舶重工集团公司第七一二研究所、江苏科技大学、镇江市高等专科学校等单位合作，共同开发新产品、研究新工艺，建立了紧贴市场、满足用户需求的研发队伍。

　　自主研发的"绕组式永磁耦合调速器"彻底解决了涡流永磁耦合传动存在的技术瓶颈"温升"问题，还将转差功率转变成电能再利用，无须水冷装置，无须机械调节装置。2016 年实施应用的秦皇岛宏兴钢铁有限公司喷煤主排风机节能改造项目至今仍在运行，其节电率高达 41%，绕组式永磁调速系统节能改造项目节电率也超 30%。2017 年，绕组式永磁耦合调速器技术已通过中国工业节能与清洁生产协会组织召开的新技术新产品成果鉴定，专家一致认为：整体技术在同类产品中处于国际领先水平。

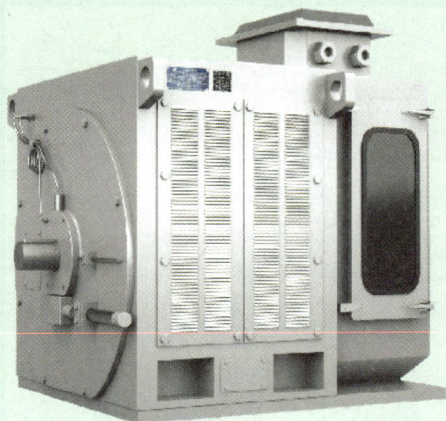

· 绕组式永磁耦合调速器主体外观

· 谏壁电厂 1400 kW 一次风机改造项目现场

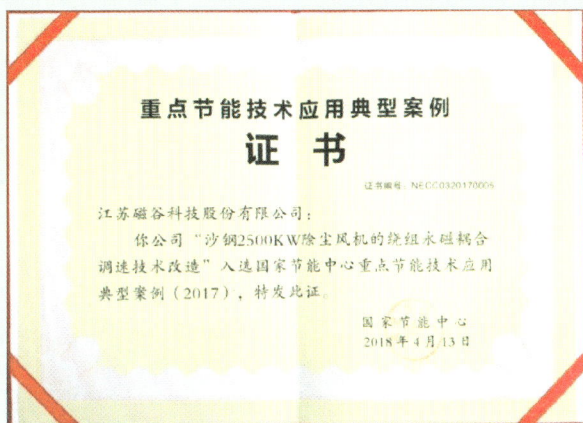

· 产品节能改造案例入选国家节能中心重点节能技术应用典型案例

· 产品节能改造案例荣获二十国集团国际最佳节能技术和最佳实践奖项

案例 3-11　海姆霍兹科技创新助力绿色发展

镇江海姆霍兹传热传动系统有限公司，2016 年 11 月成立于江苏镇江，致力于国际领先的新能源汽车高效热管理系统产品的研发、制造和销售。其主要产品为薄膜型水暖电加热器，为新能源汽车提供驾驶室暖风以及动力电池冬季升温所需要的热能。该公司获得江苏省潜在独角兽企业、江苏省民营科技企业、江苏省星级上云（三星）企业等荣誉称号。

该企业建有镇江新能源汽车热管理工程技术研究中心，高度重视产学研合作，与国内外高校、科研机构开展了广泛的技术合作，现已与西安交通大学、西安石油大学、江苏大学、江苏科技大学等建立长期稳定的技术合作关系。通过产学研合作，该公司在自主知识产权方面取得较大成绩，目前申请相关专利 51 项，其中获得授权发明专利 12 项、实用新型专利 13 项、外观设计专利 3 项。

国内首台自主研发的 800 V 10 kW 薄膜型水暖电加热器在镇江工厂成功量产并交付海外客户，标志着我国新能源汽车行业在低温快充领域实现重大技术突破，将有效解决新能源汽车电池低温快充所遇到的痛点问题。该产品不含铅、镉等有毒有害物质，同时满足国家标准 GB/T 30512—2014 要求；节能高效，能量转换率高达 95% 以上；满足高压安全标准，系统集成主动 / 被动放电功能；精准快速的水温自动调节功能，可根据目标水温自动调节功率，在保证制热量的同时有效降低系统功耗；具有睡眠 / 唤醒功能，静态电流＜ 0.1 mA，有效降低系统静态功耗；产品可满足燃料电池系统较高的清洁度要求和离子析出率要求，在提升环境友好度的同时提升系统效能。早在 2020 年，海姆霍兹第一代 800 V 8 kW 产品就已经成功量产，并出口至欧美的新能源车企，产品性能优异，质量稳定，通过几年的量产实践，获得了海外客户的一致好评。

·等离子喷涂设备

·获评江苏省潜在独角兽企业

·装配生产线

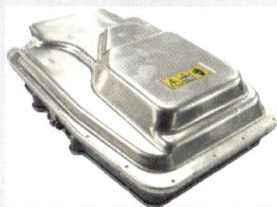

·薄膜型水暖电加热器

四、促进低碳循环健康持续发展

循环经济以资源节约和循环利用为特征，是对传统线性经济模式的革命，是与环境和谐共生的经济发展方式。镇江把发展循环经济作为生态文明建设的重点来抓，率先实现省级以上园区循环化改造全覆盖。

（一）推动产业园循环化改造

把园区循环化改造作为推进城市绿色低碳循环发展的重要战略性举措，以园区整合优化提升为契机，科学编制产业园区开发建设规划，确定主导产业，完善循环产业链条，推动上下游协调发展，加快推进工业园区绿色低碳循环发展。一方面，充分发挥园区规划环评、能评刚性约束作用，加强环评和能评工作，严格准入标准，积极推进工业园区污染物排放限值限量管理和能耗总量控制，推动工业园区绿色转型升级；另一方面，引导开发园区低碳化、循环化、集约化发展，推进绿色循环园区建设，创建一批国家级绿色产业示范基地和省级绿色低碳循环发展示范区。

自 2012 年以来，镇江经开区先后获批国家级循环经济园区、国家循环化改造示范点园区，以及国家循环经济标准化试点单位，并建成了循环经济信息共享平台，形成了新型硅材料产业链等四条循环经济产业链。在全省率先实现省级以上开发园区循环化改造全覆盖，丹阳创成国家级循环经济示范市。丹徒经济开发区、镇江高新区、丹阳经济开发区和京口工业园区等成为省级生态工业园区。其中，丹徒经济开发区实施了余热回收利用、蒸汽冷凝水回收利用等一系列循环经济项目。

镇江经济技术开发区依托区位优势，大力吸引资金、人才、企业进驻，经过十几年的产业集聚发展，初步形成贸工农一体、基础设施配套完善、产城融合发展的现代化新城区。2010 年 4 月，镇江经济技术开发区升级为国家级经济技术开发区，为镇江的经济建设、创新发展注入更强大的动力。2022 年实现地区生产总值 826.7 亿元，已初步形成化工、造纸、车船装备、生物医药、新能源、航空航天等主导产业集群。

2012 年，镇江经济技术开发区启动国家循环化改造示范试点园区建设工作，转变经济发展方式，出台《镇江经济技术开发区园区循环化改造三年推进计划》，通过构建循环经济产业链，力促企业转型升级，实现资源能源的高效利用。同时，创新循环产业链的构建和管理，建立循环经济信息共享平台，为循环化改造提供技术和数据信息支撑。

镇江经济技术开发区积极推进传统产业转型升级，以化工、静脉、光伏等产业集聚园区为主要载体，将资源节约和废物循环利用贯穿于生产、流通的各个过程。园区内企业通过产品内循环不仅很好地解决了污染问题，而且带来了可观的经济效益。此外，新材料产业园内形成了以江苏东普新材料科技有限公司为中心的基础化工原料园区大循环产业链（物料循环），东普的硫磺制酸余热回收综合利用项目，运行期间年节约蒸汽约 64 万吨，年节约电量约 4900 万千瓦时；镇江新区固废处置股份有限公司、镇江新宇固体废物处置有限公司等危险废弃物处置中心，集中处置新材料产业园、新能源产业园等产生的危险废弃物，减少危险废弃物对环境的危害；光大环保能源（镇江）有限公司的生活垃圾焚烧发电项目，在有效处置废弃物的基础上，实现废弃物的能源化利用。镇江经济技术开发区通过能源、资源消耗的减量化，推动其资源能源处置利用走上了一条高效化道路。值得一提的是，镇江经济技术开发区循环经济信息共享平台的建立，为循环化改造提供技术和数据信息支撑，促进了循环产业链的构建和创新管理。信息共享平台主要监控的物质流信息包括：一是化工、造纸行业物质流，主要针对副产品和废弃物综合利用；二是资源、能源节约流，主要针对节水、节能；三是物质流的闭路循环。平台的运营有效推动了产业的链式发展和耦合发展。

目前，镇江经济技术开发区按照循环型产业发展链条的上下游关系，优化产业布局与产业结构，通过推进企业实施节能改造、余热利用等，有效降低单位产值能耗；通过推进企业实施节水改造、中水回用等，有效降低单位产值水耗；通过全面开展"一江一港六行业"环境综合整治，区域环境质量得到显著提升。实现一个循环产业体系、四大重点循环产业链，完成六大循环化改造重点任务，基本建成能源高效阶梯使用、水资源充分回用、土地集约利用、环境污染长效治理的循环化产业集聚区。

（二）促进废弃物资源化利用

随着经济社会发展与人民生活水平的提高，资源的消耗与日递增，实现废弃物资源化利用愈发成为绿色发展的必然要求。为促进固体废弃物再资源化，加大对粉煤灰、煤炭、煤渣、尾矿、冶金废渣、脱硫石膏等工业固废的综合利用力度，建立工业固体废弃物资源化处理系统，实现一般工业固体废弃物的无害化和减量化处置与资源化利用，放大丹阳后巷循环经济产业园区省级"城市矿产"试点示范效应，扩大"城市矿产"试点单位规模，镇江以电线电缆、通信工具、家电、铅酸电池、塑料、橡胶、玻璃等废旧物资的再生利用为重点，促进"城市矿产"开发利用的规模化和产业化，推动废旧动力电池回收利用，跟踪研究光伏组件、风机叶片等新兴固废回收利用工作。

2014年，镇江市申报成为国家第四批餐厨废弃物资源化利用和无害化处理试点城市，建设餐厨废弃物及生活污泥协同处理的项目。凭借着先进的理念、高标准建设、高质量运行，镇江市城市有机质协同处理中心成为国家"水专项——城市污泥及有机质的联合生物质能源回收与综合利用技术"示范工程。2019年，项目运营主体成功跻身国家级高新技术企业。目前，这一"镇江模式"也在全国产生一定影响，九江、荆门相继"复制"，为长江经济带"生态优先、绿色发展"提供了更多示范案例支撑。

案例 3-13　餐厨废弃物资源化利用和无害化协同处理

　　镇江对餐厨废弃物和生活污泥进行协同处理，由江苏泓润生物质能科技有限公司承担，采用先进的"餐厨源头预处理＋污泥热水解＋污泥、餐厨废弃物协同厌氧消化＋沼渣深度脱水太阳能干化＋沼气净化提纯制天然气"工艺方案，经过科学化处理，产生电能、粗油脂、碳酸氢铵、生物碳土等资源化产品，实现城市有机废弃物绿色、循环、低碳管理目标。镇江市餐厨废弃物投放、收集、运输和处置实行专项管理，实行统收统运统一处置规定，江苏泓润生物质能科技有限公司有机质协同处理中心负责收运处置市区餐厨废弃物专项经营。

　　该项目是全国首例，从规划、设计、施工到运行，完全采用城市有机质协同处理理念进行生产，被列为国家第四批餐厨废弃物资源化利用和无害化处理试点项目。

　　目前，该项技术已经在多地推广并得到应用。2020 年，与三峡集团全资子公司长江生态环保集团有限公司实现股权合作，依托平台将在长江沿线城市利用协调处理城市固废的专业技术，以及成熟稳定的运行团队的优势，将城市的有机固废最终变成有用的资源化产品，在"长江大保护"发展过程中发挥更大的作用。

·江苏泓润生物质能科技有限公司有机质协同处理中心

（三）完善再生资源回收体系

　　随着经济社会的快速发展，传统的再生资源回收体系已不符合市场经济的发展要求，必须完善再生资源回收体系，才能共筑绿色发展之路。镇江深入贯彻落实《再生资源回收体系建设中长期规划（2015—2020）》，健全以回收网点、分拣中心和集散市场为代表的三级回收网络，建立城乡一体化的再生资源回收体系。通过支持企业开展机动车零部件、工程机械、机床等产品的再制造和轮胎翻新，发展再制造产业；加强对废电池、废玻璃等低值量大的重点品种回收，持续推进再生资源回收与生活垃圾清运体系相结合，形成政府、企业、行业协会和社会公众共同参与的机制。实施全链条责任制，促进包装材料减量化；发挥自身大数据作用，推动企业发展包装定制化、仓配一体化、运输标准化服务，在重点领域和关键环节，大幅度减少二次包装。进一步加大力度支持快递公司建设统一快递包装回收体系，实现包装重复使用和回收再利用，以提高托盘等标准化器具和包装物的循环利用水平。

　　江苏赛维尔新材料科技有限公司是国内首家获得美国FDA、欧盟 EFSA 全流程认证的食品接触级再生材料企业，填补了国内空白。该公司秉持创新、协调、绿色、共享的新发展理念，积极采用清洁能源，提高能源的集约节约利用水平，致力于高分子材料产品的可持续发展，聚焦废弃高分子材料的高质化同级循环再生，采用消费后废弃的矿泉水瓶、饮料瓶等废弃包装物为原料，生产高品质的食品接触级循环再生材料。

　　该企业目前年产食品级再生 PET 切片 5 万吨，年产食品级再生 HDPE/PP 切片 3 万吨，年销售收入约 20 亿元，可节约石油资源约 90 万吨 / 年，减少二氧化碳排放约 30 万吨 / 年，通过积极打造环境友好型绿色工厂，助力无废城市建设，为实现"双碳"目标贡献力量。

·江苏赛维尔新材料科技有限公司再生聚酯切片生产车间

养殖户对畜禽粪污的处理一直比较艰难，处理不好不但会影响经济效益，而且会对环境造成污染。丹阳市国家农村产业融合发展示范园的迪飞生物技术丹阳有限公司给出了较好的答卷。

该公司以循环经济和生态农业理论为基础，探索以畜禽粪污收集、处理、利用为主的农业有机废弃物资源化生态循环新模式，利用微生物好氧发酵法处理畜禽粪污，生产优质肥料，实现农业废弃物高值化利用，打通生态循环的"最后一公里"。

该公司还将田头收回的小麦秸秆送入绿色循环圈，经过加工后变成牛、羊饲料，剩余残渣发酵成有机肥，最终又"归于土"，做到"捡回另一半农业"。该公司年综合利用畜禽粪污 10 余万吨，服务农田面积 2.2 万余亩；年收集畜禽粪污加入秸秆及其他辅料，制作肥料 1.7 万吨。

目前，该公司生物农业循环园正着力打造"3+2"循环农业生产模式。"3"，即黑水虻养殖示范基地、水产健康养殖示范基地、农业废弃物综合处置利用示范基地；"2"，即花卉种植基地、地域特色循环农业科普教育基地。该公司将高端的循环农业技术与现代化的管理理念、专业化的市场运作结合，提供优质的产品和高品质的技术服务，进而推广循环、环保农业技术，助力乡村振兴。

·秸秆综合利用

（四）巩固循环农业体系建设

随着农业技术的发展，以及环保和可持续发展意识的提高，农业在循环利用方面取得较大突破。按照《全国农业可持续发展规划（2015—2030年）》，镇江优化农业，调整种养业结构，推广"稻鱼共生"、"猪沼果"、林下经济等生态循环农业模式，并通过秸秆、农用品包装和畜禽粪污资源三大重点工作，推进循环农业进程。

全力推进秸秆综合利用，减轻农户自行处理秸秆负担，实现环保与经济效益"双赢"。不断提升秸秆综合利用水平，变废为宝，促进农业绿色高质量发展，探索特色利用新模式。全市已形成以秸秆全量还田为主，秸秆离田肥料化、饲料化、能源化、基料化、原料化利用为辅的多元化利用格局。截至2022年底，秸秆年综合利用量10.3万吨，利用率达97.4%。

大力推动农药包装废弃物回收，切实减轻农业面源污染，在进行生态保护和改善农村人居环境的同时，助力乡村生态环境振兴，促进农业绿色可持续发展。

倡导废旧地膜回收，抓好废旧农膜利用，助力绿色生态农业发展。目前已构建了三种回收模式：一是农资公司回收模式，供销部门负责牵头监管，依托农资门市建立回收点，比如丹徒区；二是农业农村部门回收模式，行政村设立归集点、乡镇农业部门设置回收点，比如丹阳市；三是社会经营企业回收模式，农业农村部门负责监管，依托农资门市或种植基地建立回收点，比如句容市、扬中市、镇江经开区。通过构建"持续化、市场化、减量化、多元化"管理模式，进一步净化农田环境，提升土壤健康水平。

全面实施畜禽粪污资源化利用，明确以农牧循环、就近消纳、综合利用为路径，以肥料化和能源化为主要方向，大力推进养殖污染治理配套设施建设和资源化利用，进一步提高规模养殖场粪污收集、贮存、处理、利用设施装备水平，促进固体废弃物再资源化。截至 2022 年底，全市已建成集中处理中心 5 个，规模和小规模养殖场粪污处理设施装备配套率均达到 100%，完成巩固提升任务 803 家，畜禽粪污年度综合利用率达 97%。

· "四不两直"督查乡村环境整治工作

案例 3-16 省级生态循环农业试点——戴庄经验

戴庄村位于句容市南端，由原来的戴庄、白沙、南庄三个行政村合并而成。该村虽然曾是历史上新四军打游击的根据地，但也曾是镇江最穷的村庄之一。自 2003 年以来，在"全国脱贫攻坚楷模"、"时代楷模"、"最美奋斗者"赵亚夫同志的指导帮助下，探索出了以"村社协同、党建富民"模式为主要内容的戴庄经验，走出了一条以"党支部＋合作社＋农户"为主的特色现代高效农业致富之路，较好地实现了农民增收致富、集体经济发展、生态环境改善、社会和谐稳定。合作社两次被原农业部评为示范合作社，戴庄村获得了"全国文明村"荣誉称号。

近年来，镇江深入推广戴庄经验，坚持生态立业、强村富民、人才驱动和村社结合，以县为单位，以乡镇为重点，开展省级和市级生态循环农业试点村建设，实施生态种养结合、农业废弃物综合利用、绿色防控等工程，通过"试点村创建＋产业链延伸"，引导试点村兴办农产品加工储运企业，对接农业龙头企业，拓展和延伸产业链，试点村农产品基本实现加工出售。目前，镇江建设了高效生态农业示范基地 30 个，在全省率先推行市级生态循环农业试点村建设，组织开展了 3 批次、39 个市级生态循环农业试点村建设，建成句容戴庄村、丹徒先锋村 2 个省级生态循环农业试点村，形成了一批可复制、可推广的生态循环农业技术和典型模式，壮大了村集体经济，把生态效益更好地转化为经济效益和社会效益。

·句容市天王镇戴庄村

·句容市戴庄村有机稻田

·调研推进农业农村工作

2012

2013

2014

2015

2016

2017

2018

2019

2020

2021

2022

04

第四章

深化基础建设，
构建低碳交通体系

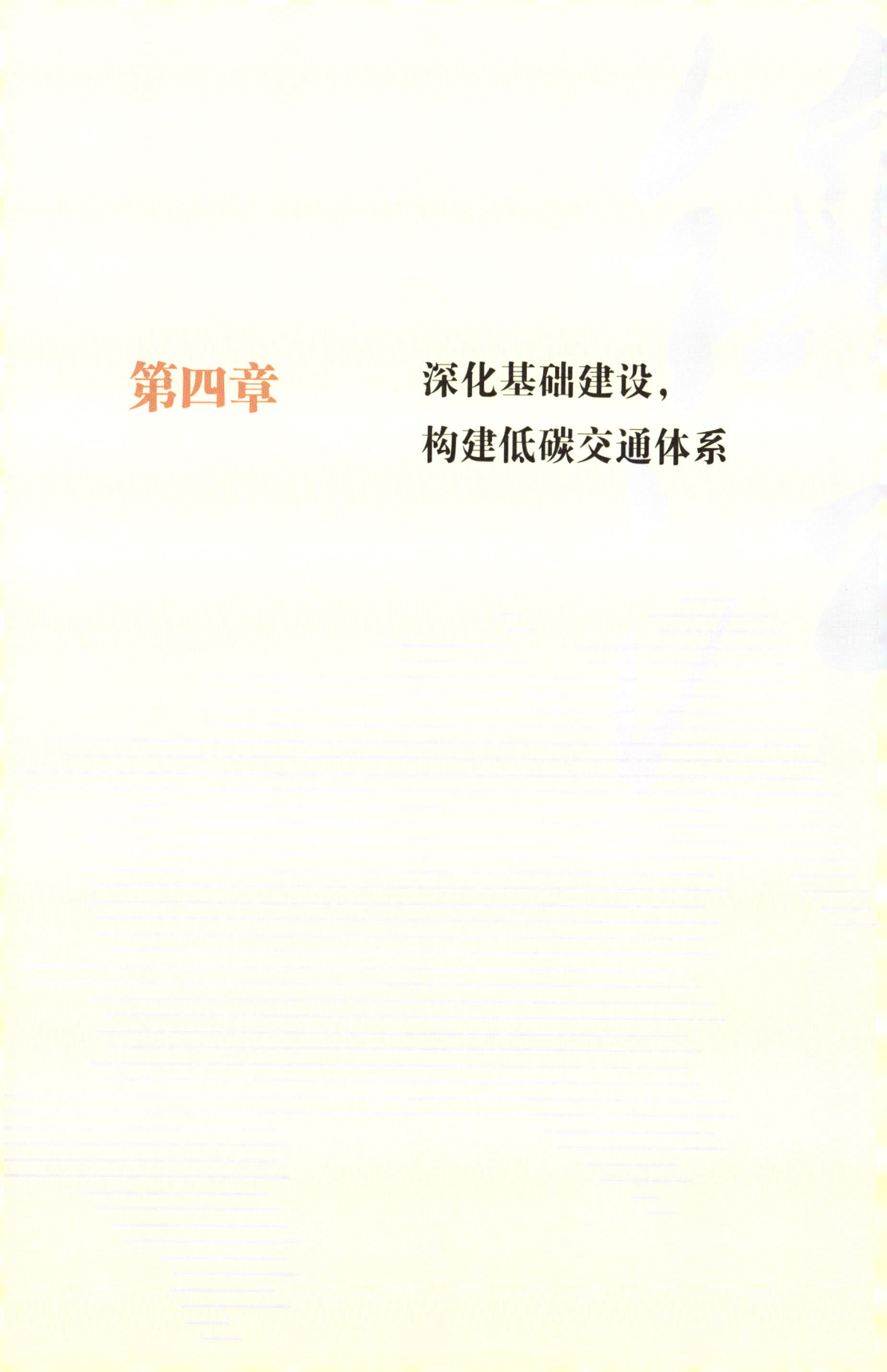

交通运输是碳排放的重点领域之一。做好交通运输碳达峰、碳中和工作，是贯彻落实党中央决策部署的迫切要求，是服务人民群众、满足人民美好生活需要、建设人民满意交通的迫切要求，是服务党和国家事业发展大局、经济社会发展全局的迫切要求，是推动交通运输高质量发展、加快建设交通强国、当好中国现代化开路先锋的迫切要求。镇江始终把低碳发展理念融入交通运输发展全过程，以建设国家级绿色交通试点城市为契机，深入实施运输结构调整提速、绿色出行理念提升、综合治理能力提高、资源集约利用提效，加快建设绿色循环低碳交通运输体系。

案例 4-1 率先开展绿色循环低碳交通运输区域性试点

2014 年，交通运输部批准镇江率先开展绿色循环低碳交通运输发展区域性试点，镇江及时编制实施《镇江市建设绿色循环低碳交通运输城市区域性试点实施方案》《关于加快绿色循环低碳交通运输发展的实施意见》，重点组织推进绿色循环低碳公共交通示范工程、节能环保运输装备推广工程、集约高效交通运输组织模式示范工程、绿色循环低碳交通基础设施建设工程等 6 大类 8 个方面 45 项重点支撑项目。2018 年通过国家、省考核验收，获得"优秀"考核等次，初步建成以综合交通、公交优先、绿色出行、创新驱动、智慧管理为主要特征的绿色交通运输体系。

一、大力优化调整交通运输网络结构

打造绿色高效交通运输体系，既是交通运输行业绿色低碳发展的关键举措，也是实现交通运输高质量发展的重要途径。镇江通过调整优化交通运输结构，推进高效运输组织模式，积极发展公共交通，倡导绿色出行，加快推动交通运输绿色低碳转型。

（一）推动运输结构高效化调整

运输作为交通的重点领域，碳排放更是重中之重。为助力打赢蓝天保卫战、打好污染防治攻坚战，更好地服务建设交通强国和决胜全面建成小康社会，编制实施《镇江市推进运输结构调整实施方案》，不断完善铁路货运体系布局，加强了港区集疏港铁路与干线铁路和码头堆场的衔接，优化铁路港前站布局，推动了港区铁路装卸场站及配套设施规划建设。2022年，镇江港完成货物吞吐量 2.3 亿吨，货物通过量再创历史新高。稳定运营多式联运示范线路 13 条，创成 1 个省级多式联运示范工程，完成多式联运量 420 万吨，集装箱多式联运量达 4.2 万标箱，同比增长 40%。

（二）加强运输模式集约化建设

随着绿色物流需求的不断增加，镇江市加快推进集约高效运输模式，以此赋能绿色物流发展，提高物流效率，有效减少物流运输对环境的污染。"十三五"期间，全市打通"宜铁择铁、宜水择水、宜公择公"的货物运输通道，货物运输结构不断优化。2022年，镇江重点工矿企业铁路和水路货运量占比达 86.5%，基本实现大宗货物"公转铁""公转水"运输应转尽转。培育省级多式联运示范工程 4 个，示范企业共发展多式联运示范线路 47 条，

· 繁忙的镇江大港港区

年联运量约 300 万吨。综合来看，降低运输成本 20% ～ 30%、缩短运输时间 5% ～ 10%。其中，江苏宏马物流股份有限公司首开"丹阳—北京"货运专列，打造了全省多式联运镇江模式。同时，推进普及公路甩挂运输，培育 2 家国家级、2 家省级甩挂运输试点企业，被交通运输部评定为首批 14 个综合运输服务城市。目前，全市"铁公水空"现代化综合交通运输体系初步建成，创成首批全国综合运输服务示范城市，开通公铁、公水联运示范线路 30 余条，已形成"四向开花"多式联运主通道。

（三）实施城乡绿色公交一体化

实施城乡公交一体化既是广大人民群众绿色出行的实际需求，也是推动城乡融合发展、贯彻落实绿色出行理念的重要任务。镇江市始终以保障改善民生、助力乡村振兴为重点，着重提升客

·中节能太阳能海铁联运专列

货运输服务能力和水平，大力推进城乡交通运输一体化发展，走出一条城乡交通运输促进乡村振兴的新路径。通过开展智能调度系统升级改造，建成综合调度指挥中心，大力推进全域公交建设，结合信息化改造，实现市域内所有公交一个平台调度和一站式查询。充分利用现有客运站、村邮站等资源，按照多站合一、一点多能的原则，对扬中新坝等乡镇客运站进行改造提升，形成集客运、快递、邮政、电商等功能为一体的综合运输服务站。目前，全市镇村公交通达率保持100%，城乡客运一体化连续5年达到5A级，市区公交出行分担率达25.6%，主城区共有公共自行车1600辆、共享单车10000辆、有桩共享助力单车1400辆，基本满足市民短途出行需求。据不完全统计，年均可减少碳排放2450余吨。

二、全力推广绿色低碳交通运输工具

运输工具是交通运输领域能源消耗的主要载体。推动运输工具装备低碳转型，是交通运输领域绿色低碳发展的重要方面。镇江从自身客运、航运出发，着力改善绿色出行环境，淘汰老旧设备，加大新能源装备投放量，聚焦绿色公共交通服务品质，不断提升市民对选择绿色出行的认同感、获得感和幸福感。

（一）加快客货运输工具绿色升级

优先发展公共交通是城市交通拥堵治理的需要，也是改善城市环境的需要。镇江不断实施城市公共交通系统、慢行系统绿色低碳交通基础设施建设，以城市公交、出租汽车为重点，推动客货运输工具向绿色转型。推进"绿色车轮"计划，加强政策导向，加大新能源车辆推广力度，规定"新能源出租汽车起步价高于普通出租汽车1元"优惠，引导和支持出租汽车司机使用新能源车辆，更好地达到节能减排效果。深化道路货运行业供给侧结构性改革，更新老旧运输货车。"十三五"期间，全市淘汰老旧运输货车2600余辆。截至2022年底，全市新能源和清洁能源公交车占比91%，年度新增和更新城市公交车均为新能源和清洁能源车辆。全市现有网约车2929辆，其中新能源车2644辆，占比90.3%，大大减少了车辆能源消耗和污染排放。

（二）有效实施水上船舶污染防治

推进运输结构调整和水上船舶污染防治，截至2023年上半年，累计新建5艘大吨位混合动力的电力推进汽车渡船，改造2艘LNG动力货船，争取中央资金完成16艘普通货船岸电接收

· 镇江科技新城东园光伏发电公交场站

设施改造，完成 612 艘船舶生活污水设施改造。其中，江苏大津重工有限公司建造的国内首艘内河纯 LNG 动力干散货船"绿动6002"交付绿色动力水上运输有限公司，该系列船共计 200 艘，完全使用 LNG 清洁燃料。相比于普通船型，该船二氧化碳排放量降低约 20%，氮氧化物排放量降低约 80%，硫氧化物排放量为 0，有效减少了污染物排放。

案例 4-2　建设镇江港润祥 LNG 加注站码头

　　液化天然气（Liquefied Natural Gas，简称 LNG）作为一种清洁燃料，被公认是地球上最干净的化石能源。采用 LNG 作为燃料，有利于改善市内环境污染问题。2022 年，镇江建设的镇江港润祥 LNG 加注站码头，为过境船舶提供 LNG 加注服务，同时可实现 LNG 储运中转，将液化天然气由此短驳到上游的九江、芜湖，推动内河船舶应用液化天然气事业的发展，给予绿色水运有力支撑和能源保障。

　　该项目是江苏第一座岸基式加注站，是践行"气化长江，绿色发展"的重要举措，被列为交通运输部发布的水运行业应用液化天然气首批 6 个试点示范项目之一。它的投运，对国家构建水上加注网络，完善长江 LNG 加注站码头绿色服务体系，推动船舶转型升级起到了重要作用。

·镇江港润祥 LNG 加注站

（三）加强交通运输科技成果应用

随着新一代信息技术、新能源技术等加速迭代，自动驾驶、智慧高速、磁悬浮等新交通工具、新运输方式和新基础设施不断涌现，科技创新正在支撑交通运输迈向数字化、智能化和绿色化时代。镇江市先后实施"海绵型道路规划设计、关键材料、评价标准、综合研究及工程示范""沥青混合料常温储运及铺装技术研究"等省市级项目 30 余项，为推动镇江绿色交通建设创造了技术优势。推进"互联网＋智慧交通"，通过科技赋能提升出行品质，提高通行效率，全市普通国、省干线公路重要节点实时监测覆盖率达 100%。建成谏壁船闸智能调度系统和水上应急指挥中心，拓展水上 ETC 应用，启用视频智能调度及船舶身份识别安全监管系统。扶持惠龙易通国际物流股份有限公司网上现货交易平台和货运集配电子商务平台，打造覆盖全国的多式联运体系，推动物流集配电子商务交易平台发展。全市持续创新驱动，依托重大项目开展科研攻关，加快科技成果转化，激发发展活力，助力交通运输行业朝着更绿色、更低碳、更环保、更智能的方向不断推进。

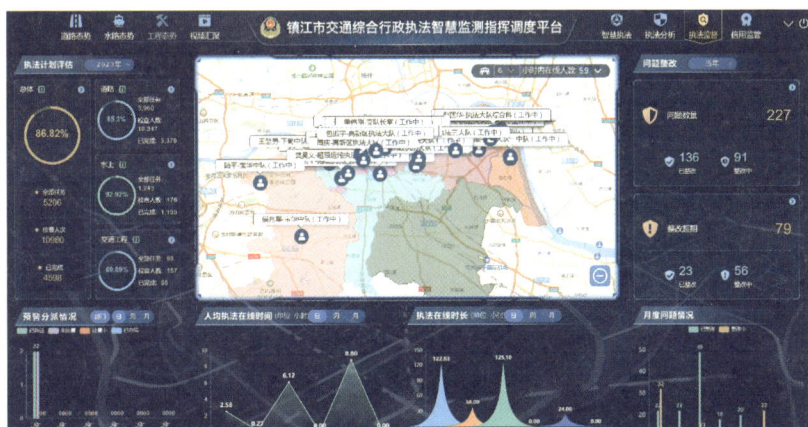

· 镇江市交通综合行政执法智慧监测指挥调度平台

三、着力推进低碳交通基础设施建设

绿色交通基础设施是绿色交通的基础。镇江市积极推进绿色公路、港口、航道等基础设施建设，把绿色低碳理念贯穿于交通基础设施规划、建设、运营和维护全过程，降低全生命周期能耗和碳排放。

（一）深化公路绿色化升级

以绿色公路建设为引领，站在人与自然和谐共生的高度谋划发展，实现公路事业与自然生态环境和谐共生。围绕规划、设计、建设、施工、养护、运营与管理等绿色循环低碳公路建设的过程与环节，重点针对路线、路基路面、桥梁、交通工程及沿线设施等9大方面，开展11个大项、49个分项的节能减排项目实施、评估考核及节能减排效益测算工作。其中，镇丹高速绿色公路主题性项目，顺利通过交通运输部考核验收，成为江苏省首条新建绿色低碳示范高速公路。312国道镇江城区改线段工程，是市区"三横三纵三联"城市快速路网的重要组成部分，项目全长23公里，于2014年开工建设，2017年建成通车。绿色循环低碳公路主题性项目，入选全国首批试点建设项目，顺利通过交通运输部考核验收。

借助全市建设"绿色低碳示范市"契机，积极实践"绿色低碳、节能环保"等工程建设新理念，广泛开展工厂化橡胶沥青、场拌热再生技术等研究，做到减少碳排放量、降低环境污染以及节约资金投入，被交通运输部列为全国普通干线绿色循环低碳主题性试点建设项目。建成镇江312国道边的镇江绿色交通综合展示馆，占地面积1760平方米，是全国第一批市级"低碳交通展示馆"，也是中国公路学会2017年认定的全国公路科普教育基地之一。

案例 4-3　打造镇丹国家级低碳示范高速公路

　　镇丹高速公路是江苏省"五纵九横五联"高速公路网规划"联三"的主要组成部分之一。该项目路线起自泰州大桥南接线的大港枢纽，终点位于沪蓉高速丹阳新区枢纽，全长 21.6 公里。以"绿色镇丹、文化之旅"为主题，将"绿色低碳、节能减排、人文环保"的建设理念贯穿于项目规划设计、建设施工、运营养护全过程，全面采用节能减排技术，共实施有 47 个低碳项目，全部通过交通运输部验收组考核，打造了一条创新、绿色、智慧、优质、安全的特色示范公路。镇丹高速公路被交通运输部确定为国家级低碳示范高速公路，也是全省第一条新建低碳高速公路。

·镇丹高速大港枢纽——江苏省首条绿色高速公路项目

（二）推动港口低碳化建设

随着港口建设快速发展和港城融合不断深化，创建资源节约、环境保护、生态和谐、清洁文明的绿色港区已成为新一代港口可持续发展的新趋势。镇江利用地处长江与京杭大运河交汇点的区位优势，将京杭运河镇江段建成全省首个5G全覆盖"智慧运河"。助推句容台泥水泥有限公司、谏壁油库创成全省三星级"绿色港口"，江苏华电句容发电有限公司创成全省四星级"绿色港口"，惠龙港"近零碳"港口试点建设，兴隆港等港口风光储项目建设。此外，针对港区环保机械清扫煤泥水产生的污染处理问题，通过污水收集和污水处理系统等工艺改造，解决废水的环境污染问题，推动港口循环经济发展。

· 惠龙港智慧绿色能源系统（已完成15.8兆瓦光伏全容量投产）

案例 4-4   惠龙港全力打造"近零碳"码头示范工程

惠龙港"近零碳"码头示范项目,建设"风光储荷一体化"智慧绿色能源系统,由国能江苏谏壁发电有限公司投资,利用其屋顶资源建设 30 兆瓦光伏发电项目,建设 14 兆瓦的风力发电机组和 50 兆瓦时储能电站项目,年发新型电力清洁能源超 6000 万千瓦时,占港口加工生产用电量的 90% 以上。同时,围绕港产联动发展循环经济,推进物流港向贸易港转型,传统装卸港向绿色生态港升级,提升港口废水收集循环利用、砂石散货汽车短驳运输油改电、岸电设备建设水平,利用"5G+北斗"技术研发港口运营全过程碳排放可视化智能管控系统,打造绿色低碳数字化港区。

该港口"风光储荷一体化"智慧绿色能源系统产生的绿电,全部被港口的油改电和加工生产消纳。按照火电煤耗(标准煤)每度电 305.5 克计算,每年可节约标准煤约 1.8 万吨,减少二氧化硫排放量约 0.7 万吨,减少二氧化碳排放量约 4.8 万吨,实现"近零碳"排放。

（三）加强设施清洁化配套

随着新能源汽车逐步普及，充电需求大幅增加。镇江不断加强新能源汽车充电桩建设，致力于提供坚实的电力保障，打通全市居民充电服务的最后通道。自 2015 年以来，全市持续推出新能源汽车推广应用财政补助政策，对符合要求的新能源汽车及充电基础设施给予资金补助。推进具备条件的加油站、加气站利用自有土地配建公共快充设施，鼓励公共机构、国企等建设自用、专用充电设施并向社会公众开放，引导充电桩运营商实现数据互联互通，最大限度为用户提供充电便利。全力打造"停车＋充电"出行新模式，实现停车、加油、充电、共享助力车等一站式出行服务，全面推动静态交通与新能源汽车产业链的共同发展。目前，全市新能源汽车数量和充电桩数量之比达 1.8：1，优于全省平均水平。

案例 4-5　率先出台居住区电动汽车充电设施建设意见

随着新能源汽车的推广使用，居民家庭或个人安装充电桩的需求也日益增加。2021 年 8 月，镇江在全省率先出台《镇江市居住区电动汽车自用充电设施建设实施意见》（以下简称《意见》），从配套设施建设、报装业务受理等方面优化了流程和标准，通过"量身定制"满足各种形式的充电设施建设需求，着力解决居住区电动汽车充电设施建设中遇到的问题，打通民生"堵点"。

《意见》规定，新建居住区配建停车位，应 100% 具备充电设施安装接入条件，包括预留电力容量，建设配电分支箱、管线、桥架、计量表箱，表后桥架及线缆敷设至每一个停车位；新建居住区应按照不低于车位总数的 10% 配建充电设施。同时，要求各县（市）、区物业管理行政主管部门，街道办事处，社区居（村）民委员会主动协调老旧小区充电设施安装接入问题，将其纳入老旧小区改造工程，解决电源不足或供电半径过长等问题，千方百计满足"一车一桩"接电需求。

值得一提的是，不同于以往"申请一户、办理一户"的单一业务模式，对首次提出居民充电桩业务的小区，政府部门和供电企业将进行充电设施建设的整体规划，提供充换电基础设施服务保障，让车主实现"充电自由"，更好地支撑新能源汽车产业发展。

·集"光、储、充"于一体的电动汽车充电桩群投入使用

（四）提升绿色服务化水平

为贯彻习近平总书记关于推动长江经济带发展系列重要讲话精神，落实"共抓大保护，不搞大开发"要求，镇江市围绕船舶和港口污染防治，在水上服务区建立了生活污水回收处理装置、生活污水智能固定接收装置、岸基供电设施，以及船舶污染物智能接收设施，极大地提升了船舶污染物送交、接收环节的工作效率，促进船舶污染防治、保障生态环境安全。2019 年，围绕水上服务区环境提升，打造绿色港航示范基地，以水上服务区为载体，实现京杭运河镇江段水上服务区绿色、综合、智慧、可持续发展。镇江市京杭运河水上服务区被中国生态文明研究与促进会授予第一批"绿色交通"实践创新基地称号，此次评比仅有 4 个项目获此称号。

截至 2023 年上半年，镇江港共有岸电设施 225 套，沿江泊位覆盖率和内河泊位覆盖率基本达到 100%，靠港船舶岸电应接尽接率达 95%。此外，岸电使用量不断增加。2022 年，全市岸电使用量（210.3 万千瓦时）比 2021 年（156.8 万千瓦时）增长 34%；2023 年上半年，船舶接电次数较去年同期增长 45%，用电时间较去年同期增长 67%，用电量较去年同期增长 69%。同时，持续推进"以电代油"这一历史性的变革跨越，让长江的水变得更清、更绿，也让生态环境越来越好。

案例 4-6　京杭运河镇江段水上服务区岸电

　　京杭运河镇江段水上服务区是苏南运河镇江段三级航道整治提升工程配套工程，是船舶从长江进入苏南运河的第一座内河服务区。2018 年，镇江供电公司与长江镇江航道处合作，在京杭运河水上服务区建设智能化岸电示范项目，累计推广岸电桩 223 套，岸电系统覆盖沿江、沿海及内河主要港口，泊位覆盖率超过 50%。船舶停靠期间，用岸电代替传统柴油机发电，实现船上照明和日常生活用电需求，不仅能有效降低燃油的消耗，也能减少二氧化碳等污染物的排放，空气质量得到改善。据统计，该项目使用岸电度电成本下降约 40%，年均为过往船民节约油料开支 5.3 万元。对于船民来说，在改善生活环境的同时，也降低了生活成本。

·大全集团研制的中压交直流岸电系统设备

·京杭运河镇江段水上服务区岸电使用率基本达100%

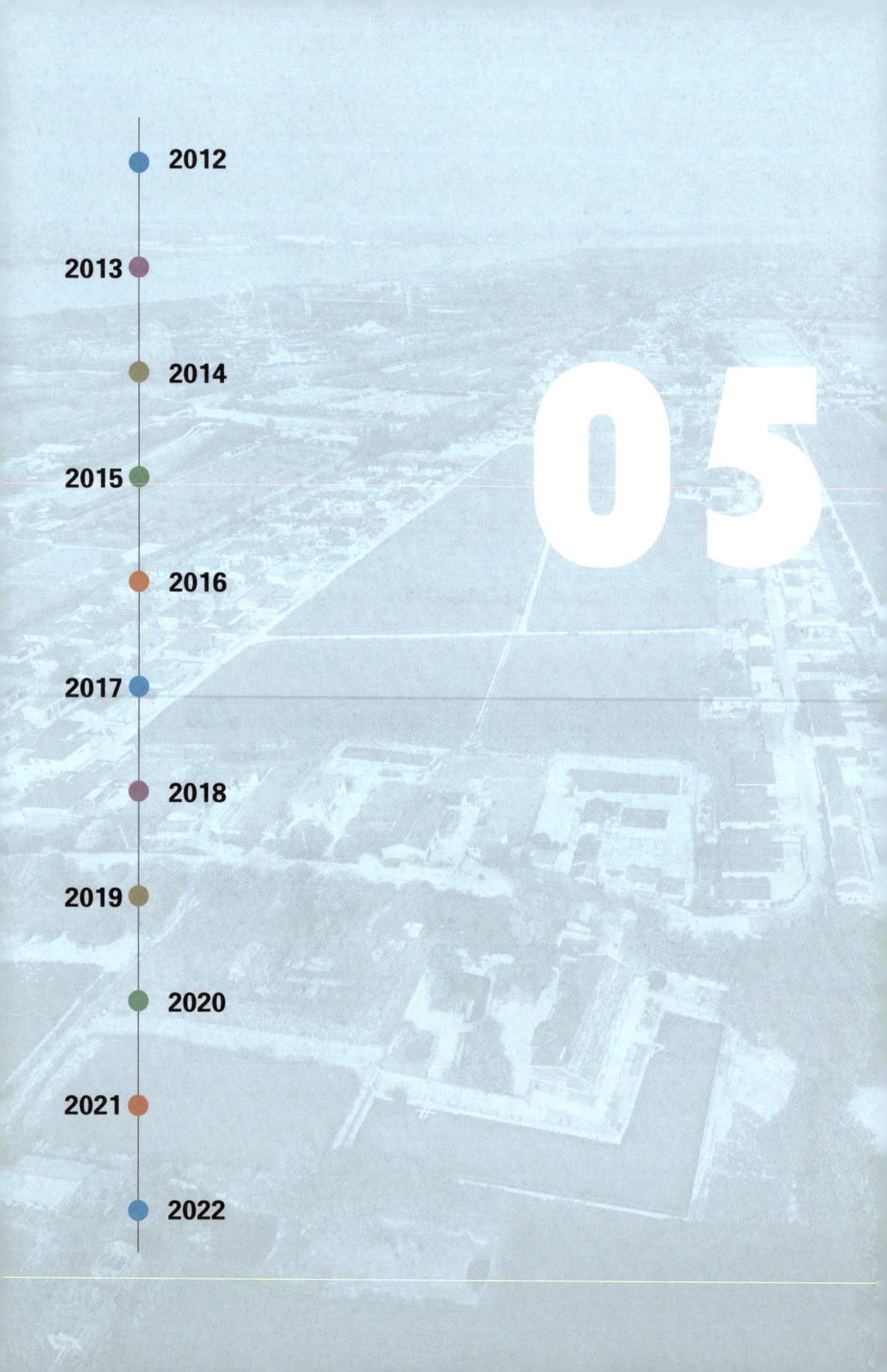

2012

2013

2014

2015

2016

2017

2018

2019

2020

2021

2022

05

第五章　推动绿建节能，打造城市低碳名片

建筑绿色化是推动建筑业高品质发展的重要途径，也是实现建筑业转型升级、减少碳排放的必由路径。镇江贯彻落实绿色建筑理念，积极推进建筑节能，实施海绵城市建设工程，倾力打造绿色建筑示范城市。

一、聚焦建筑节能，立体推进示范创建

建筑节能是关系我国建设低碳经济、完成节能减排目标的重要领域，也是减少温室气体排放、贯彻可持续发展战略、实现国家节能规划目标的重要措施。镇江着力围绕创建省级绿色建筑示范城市、建筑产业现代化示范城市和既有建筑节能改造示范城市，大力推进建筑节能与绿色建筑快速发展。

（一）推动新建建筑能效提升

为全面提升建筑能效，抢抓新建建筑关键领域，将绿色建筑的要求同步植入建筑设计、施工图审查、施工许可证发放审核等环节，避免建筑建成后再耗费绿色改造成本。开展镇江经开区绿色生态城区提档升级、高校园区绿色校园集中示范等工作，大力实施绿色建筑行动，以示范项目驱动绿色建筑高质量发展。"十三五"以来，全市累计新建节能建筑6569万平方米，其中绿色建筑面积4749.6万平方米，2020年绿色建筑占新建建筑比例达100%；可再生能源建筑应用2108.7万平方米；新增建筑中获得绿色建筑标识项目面积1684万平方米，获二星级及以上标识建筑面积1013.7万平方米，高星级绿色建筑标识面积占比达60%。全市累计荣获江苏省绿色建筑创新奖二等奖3项、三等奖2项，在全省处于领先水平。

加强对机关办公建筑、大型公共建筑用能情况的调查统计和分析评价工作。自成立启动建筑能耗监测中心以来，平台累计接入 149 栋党政机关办公建筑和大型公共建筑的能耗数据，能耗监测项目数量增长趋势明显。该中心针对文化教育、机关办公、医疗卫生、宾馆饭店、商场等 5 类公共建筑进行能耗限额研究，对 422 栋建筑能耗数据进行调研和统计，对建筑的能耗影响因素进行分析研究，确定了各类建筑的能耗指标，为全市开展公共建筑能耗限额管理、推动公共建筑节能改造提供了工作依据。其中，"镇江市公共建筑能耗限额研究及制定"获批省级建筑节能项目示范，并通过江苏省住建厅验收。

〈 镇江市三星级绿色建筑 〉

·镇江经开区建设工程质量中心试验室

· 港南公租房

· 中瑞创新中心一号楼

春风又绿江南岸 镇江低碳十年发展报告

镇江经开区检测基地，位于港南路以南、北山路以西，总建筑面积 8650 平方米，2016 年 9 月开工，2018 年 7 月竣工并投入使用，2020 年 6 月获得全市首个国家绿色建筑评价体系最高级别的三星级绿色建筑运行标识，为全市推进绿色建筑高质量、规模化，实现人、建筑与环境协同发展提供了示范引领。

该基地为"被动式超低能耗建筑"和"三星级绿色建筑"，落实绿色、生态、环保理念，注重人和环境的和谐共生、共赢。采用了多项绿色建筑先进技术，整体按照节能率 65% 以上设计，东侧办公部分按照超低能耗被动房设计，整体节能率达到 70% 以上。安装了高能效比的能源塔热泵、节能照明灯具、节能电梯、高等级节水器具和节水喷灌系统；实施 BGL 楼板隔声，选用优质室内装饰面材料，既保证了空间的隔音性能和室内环境质量，又能间接达到保温，降低能耗的效果。采用太阳能光伏、太阳能光热、超低能耗被动房、室内空气质量监测系统、高效能源塔热泵空调系统、雨水回用系统、绿化喷灌系统等节能技术，可实现建筑综合节能率 85.2%，冬季在不开空调的情况下仅凭借自身保温性能可将室温维持在 20 摄氏度以上，每年可节约能源 40.6 吨（折标煤）。

（二）推进既有建筑节能改造

在提倡新建绿色建筑之外，强化既有建筑节能改造，将节能减碳思想贯穿建筑的全生命周期，从而有效提高能源利用率、降低环境污染程度。镇江按照绿色、节能、生态理念，以建筑节能、绿色发展为抓手，开展建筑节能规模化发展、节能技术综合化提升，以及应用模式市场化推广，助力"碳达峰、碳中和"建设。2016 年，获批省级既有建筑节能改造示范城市。完成一批既有建筑绿色化改造，并获得绿色建筑设计标识，其中老市政府绿色化改造工程获得江苏省绿色建筑创新奖二等奖。"十三五"期间，全市累计完成既有建筑节能改造面积 315 万平方米。截至 2022 年底，全市既有建筑节能改造面积达 455.9 万平方米。

与此同时，探索创新合同能源管理的市场模式。通过建设既有建筑节能改造示范城市，积极推进机关办公建筑等大型公共建筑采用合同能源管理改造模式，推动既有建筑改造从单纯技术节能改造，到节能改造与运行管理并举，实现公共建筑用能管理工程的高水平提升。"十三五"期间，全市累计完成合同能源管理项目建设 21 个，累计改造面积 72.4 万平方米。

案例 5-2　老市政府东大院植入"绿科技"

随着城市快速发展，不少老旧建筑的规划已跟不上时代变化的节奏。镇江对老市政府东大院原办公区进行维修改造，植入"绿科技"，让老地方焕发新生机，并全面向市民开放。现老市政府东大院已成为创客发展、市民休憩健身的城市文化空间。

老市政府东大院于 2011 年实施既有建筑绿色化改造，总用地面积 41 亩（约 2.7 万平方米），改造修缮后总建筑面积 3.1 万平方米，其中地上建筑面积 2.8 万平方米、地下面积 0.3 万平方米，院内绿化面积达 1 万平方米。

该工程秉持"传承历史文化、传播先进文明、培育城市产业、服务社会大众"的改造功能定位，通过采用绿色建筑技术，根据不同情况，采取部分建筑保留修复改造、部分建筑拆除重建的策略，使建筑的历史价值得到保存，也提高了建筑的使用寿命，不同建筑的配合相得益彰，充满韵味。对围护结构的节能改造，降低了采暖空调能耗；对照明系统进行节能设计，减少了建筑运行电力消耗；增加了太阳能热水系统，采用雨水回用系统，做到了充分利用可再生能源、节约水资源。该项目年预计节电 100.3 万千瓦时。2015 年，获得江苏省住建厅二星级绿色建筑设计标识；2017 年，获得江苏省绿色建筑创新奖二等奖，成为镇江既有建筑绿色化改造的成功实施案例。

·老市政府东大院绿色化改造（改造前后对比）

（三）聚力建筑产业提档升级

建筑产业现代化，为社会提供了全过程、全产业链的绿色建筑整体解决方案，是传统绿色建筑的升级版，开创了绿色建筑的新时代。镇江全面推进建筑产业现代化，将其作为推动绿色建筑新一轮发展的重要抓手，加强建筑产业现代化基地建设，优化生产力布局，整合各类生产要素，鼓励企业因地制宜推广使用先进高效的工程技术和装备。在建筑标准化基础上，实现建筑构配件、制品和设备的工业化大生产，推动建筑产业生产、经营方式走上专业化、规模化道路，形成符合建筑产业现代化要求的设计、生产、物流、施工、安装和建设管理体系。"十三五"以来，全市累计创建省级建筑产业现代化示范园区1个、示范基地9个、示范项目6个，省级建筑信息模型（BIM）技术应用工程1个，市级建筑产业现代化示范基地23个、示范项目27个，累计培训建筑产业现代化相关从业人员5700余人次，建筑产业现代化示范城市顺利通过江苏省住建厅评估验收。

装配式建筑是实现建筑产业现代化的途径之一，也是现代化建筑业的未来发展趋势。但现阶段装配式建筑建造成本较高，预制构件尺寸不一，产品兼容性不强，难以产生规模效应。为鼓励装配式建筑良性发展，镇江市在全省率先制定发布《镇江市装配式混凝土楼梯设计技术导则（试行）》，规范和指导全市装配式混凝土楼梯标准化设计、规模化生产。

二、建设海绵城市，共促人水和谐相处

海绵城市作为推动绿色建筑建设、低碳城市发展、智慧城市形成的创新表现，是新时代特色背景下现代绿色新技术与社会、

环境、人文等多种因素的有机结合。镇江贯彻落实习近平总书记关于海绵城市建设的重要指示批示精神，采取多种措施，扎实推进海绵城市建设，加强城市节水管理，积极提高用水效率，促进城市绿色发展。

（一）推进海绵城市工程建设

2015 年，镇江成为全国首批海绵城市建设试点城市。试点期间，在全市建成区 128 平方千米内实施海绵城市项目 273 个；试点区 29.3 平方千米内实施海绵城市项目 158 个，全面实现试点建设的目标指标，试点区内城市内涝和黑臭水体两大突出问题得到彻底解决。2019 年，获评全国优秀海绵城市建设试点城市。目前，本级实现海绵城市目标 51%，提前完成江苏省住建厅"到 2025 年，城市建成区 50% 的面积达到海绵城市建设要求"的目标任务。镇江海绵城市建设正在向着"全域化""长效化""系统化"的目标持续推进。

在加快开发建设和经济发展的同时，从以工程措施为主向生态措施与工程措施相融合转变，避免将海绵城市建设简单地作为工程项目推进。始终坚持遵循低影响开发理念，倡导生态和谐，着力提高辖区内的生态连通性，不断加强环境基础设施建设，提高生态含量，构筑安全生态网络。以"渗、蓄、滞、净、用、排"为方针，采用透水地面、雨水调蓄、屋顶绿化等生态措施，相继建成 40 万株郁金香公园、1000 亩核心湖湿地公园、100 米宽盛港路生态景观水系、中瑞镇江生态产业园等大型海绵城市项目，调节改善区域微气候，防止雨洪发生，实现向资源节约型和环境友好型城市的转变，走出了一条具有鲜明特色的城市建设新路子。

在海绵城市建设的实践中，特别是在高密度老城区的试点实践中，形成了"海绵 +"模式。一是"海绵 + 治涝 / 治黑"，即海绵城市多目标协同。黑臭治理、内涝治理、非常规水资源利用、水景观营造等本身就在海绵城市建设范畴之内，在实施光明河、玉带河等项目时，编制系统最优的解决方案，实现多目标融合。二是"海绵＋棚改"，即棚改等城市建设和海绵城市建设协同。在实施一夜河、虹桥港、玉带河、会莲庵街等项目时，将棚户区、城中村改造与海绵城市建设有机结合，共拆迁居民 2245 户，面积达到 43.8 万平方米。从根本上解决了群众居住环境脏乱差的问题，完成海绵城市建设任务，大幅提升开发建设的生态品质。三是"海绵＋群众诉求"，即海绵城市和解决群众困难协同。由于源头项目绝大多数位于老旧城区，在改造中，将海绵城市建设与积水区（点）整治、街巷整治、屋面渗漏、物业提升、小区环境综合治理等群众诉求相结合，完成海绵目标指标，解决了群众突出困难，实现了老旧城区的有序修补和有机更新。"海绵＋"模式将海绵城市建设与低碳城市建设等生态文明建设有机融合，形成合力，最大限度发挥了海绵城市建设的效益。

·中瑞镇江生态产业园（瑞士在全球建立的第一个以绿色、生态、低碳为主题的双边合作园区）

案例 5-3　沿金山湖 CSO 溢流污染综合治理工程

为彻底解决初期雨水带来的城市面源污染问题，镇江实施沿金山湖 CSO 溢流污染综合治理工程。微观上统筹解决了沿金山湖 8.8 平方千米范围内多个片区的排水防涝和水环境问题，市域内使试点区域径流污染削减率达到 72.8%；宏观上又是推进长江大保护、修复长江生态的重要一环。

沿金山湖 CSO 溢流污染综合治理项目，是以金山湖水环境容量为目标，运用 TMDL 理念，采用"深层截流主干管＋末端调蓄及生态处理"技术方案，统筹解决多个片区（8.8 平方千米）排水防涝和水环境问题，有效补充城市排水系统，解决老城区地上建筑密集、地下管线错综复杂，以及无法碎片化处理的技术难点。

该项目建成后，全面完成服务片区内水生态、水环境、水资源、水安全、显示度等试点目标；面源污染削减率由 25%～30% 提升到 60%，径流总量控制率由 45%～50% 提升到 91%。城市排水管网系统韧性得到增强，服务片区的排水防涝标准由 5～8 年一遇提高到 30 年一遇，有效补充和增强了城市排水系统。通过该项目截留干管的收集和调蓄，有效控制服务片区内初期雨水直排至金山湖、运粮河、古运河等水体，金山湖年溢流次数由 40 多次降低为 5 次，水质达到地表水标准二类以上。初雨污染削减率（以 TSS 计）已达到 68.4%。针对高密度老城区的特殊情况，该项目不仅解决了源头面源污染治理空间的问题，而且消除了雨污管网混接的溢流污染问题，工程具有较强的创新性、探索性

第五章　推动绿建节能，打造城市低碳名片

与实践性。实现了高标准控源截污，严格控制了入江入湖污染物总量，做到以支流保干流、以干流保长江，提升了服务范围内的整体水环境，持续增强人民群众的获得感、幸福感、安全感。

2023年1月1日正式运营，沿金山湖CSO溢流污染综合治理项目服务范围内未发生溢流污染事件，实施了关键点源的控源截污；服务范围内无内涝事件，初步实现了高密度老城区水环境综合治理。CSO项目总计启用412.0小时，服务范围内运粮河、金山湖沿线泵站、古运河沿线雨水排口无溢流事件，控制溢流污染总量约103.8千克，累计削减污染物总量：COD 20498.5千克、TP 1637.1千克、SS 12287.5千克；末端泵站排涝泵组总计开启93次，总计运行209.5小时，总计排涝水量约271.5万方。

· 沿金山湖CSO溢流污染综合治理项目大口径管道全线贯通

（二）积极提升城市节水能力

提升城市节水能力是助推绿色发展的重要途径。镇江积极转变用水理念，大力推进城市节水，提高用水效率，促进城市绿色发展。自 2011 年成为国家节水型城市以来，持续推进节水型城市创建，不断强化用水载体示范城市建设，全面提高社会综合用水利用率。同时，积极开展城市节水工作，将节水工作贯穿城市规划、建设、治理全过程，实现了系统节水、精准节水、机制节水，让"水的文明"在新时代绽放光彩。

目前，全市已创成江苏省节水型小区 77 家，节水型小区覆盖率达 21.3%，城市居民人均生活用水量为 118.2 升/天，低于城镇居民人均用水定额 150 升/天；创成江苏省节水型单位 159 家，节水型单位覆盖率达 31.4%，工业用水重复利用率达 94.8%，再生水利用率达 23.4%。

1. 工业用水效率持续提高。积极开展造纸、电力、建材等八大高耗水行业的节水专项整治行动，工业集聚区推广串联用水、中水回用和再生水利用等节水技术，推广建设节水型工业集聚区。强化用水定额管理和总量控制，建立和完善重点取用水企业水资源管理控制指标。同时不断加强污水处理，在工业集聚区内统筹规划建设集中式污水处理设施和再生水利用系统，加快建设城镇污水处理厂配套管网，控制面源污染。

2. 再生水利用规模不断扩大。再生水的生产和使用属于"非常规水资源利用"，是缓解城市水资源短缺现象的重要途径。积极建设再生水利用系统，推广水资源再生利用技术及运营模式，匹配排水型企业与耗水型企业，制定再生水价格标准，提高再生水利用率。同时严格按照海绵城市标准建设新城区，推广雨水综合利用和中水回用，推进城市尾水资源化利用。2022 年，市区新增 5 个户外"再生水"加水点，经污水处理厂处理的"再生水"可以直接用于道路保洁、绿化等，提高城市水资源利用效率。

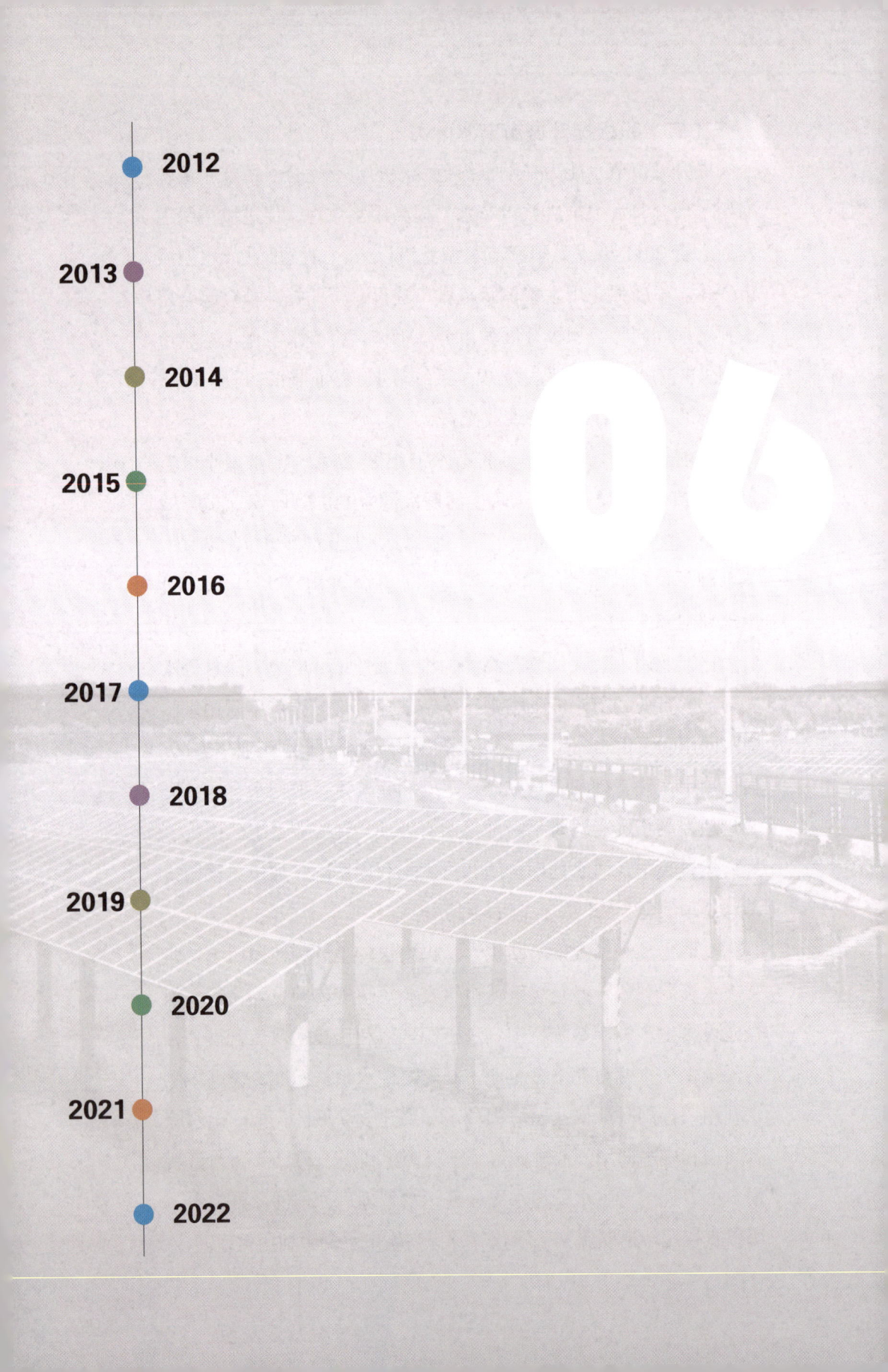

2012

2013

2014

2015

2016

2017

2018

2019

2020

2021

2022

第六章

挖掘碳汇资源，持续改善环境质量

生态建设是人类积极改善和优化人与自然关系，实现人与自然和谐，建设可持续发展生态社会的必由之路。镇江深入贯彻落实"五位一体"总体布局，加强环境综合治理，深入推进生态系统碳汇建设，构建生态环保格局，坚定打好长江大保护硬仗，切实提升治理能力，努力打造践行习近平生态文明思想的示范窗口。

一、全面构建生态大格局

生态系统碳汇是实现碳移除的主要手段。镇江市围绕生态系统碳汇能力巩固和提升目标，守住自然生态安全边界，大力开展植树造林，推进山水林田湖草一体化保护和修复，在稳定生态系统固碳作用的基础上，提升碳汇增量。

（一）推进污染防治攻坚

党的二十大报告指出，"尊重自然、顺应自然、保护自然，是全面建设社会主义现代化国家的内在要求。必须牢固树立和践行绿水青山就是金山银山的理念，站在人与自然和谐共生的高度谋划发展"。镇江以"两山"理论为指引，推动生态环境质量实现根本好转，让天更蓝、山更绿、水更清，全面打响蓝天、碧水、净土三大保卫战，扎实推进污染防治攻坚。持续开展东部和西南片区环境综合整治，钢铁行业实现超低排放改造，碳素、水泥等行业完成特别排放限值改造；推进河（湖）长制和河湖"两违三乱"整治；采取建立"红黑榜"制度，加大日常巡查力度等一系列措施，切实增强项目施工方的环保意识，提升环保水平。提高企业环保意识，科普环保法律法规和扶持政策，邀请专家为企业量身定制环保改造方案；加强移动源监管，淘汰国三及以下排放标准柴油货车4060辆，超额完成省下达的任务。

·孟家湾湿地公园

截至 2022 年底，全市累计实施大气污染防治工程 2501 项，累计实施水污染防治工程 370 项，超额完成省市下达的目标任务，达标率均为 100%；长江干流断面水质保持Ⅱ类，主要入江支流均优于Ⅲ类。2022 年，PM2.5 年均浓度为 35.3 微克 / 立方米，市区 PM2.5 浓度比 2021 年改善 2.8%，首次达到国家二级标准，较 2015 年下降 35.6%。

（二）持续增加碳汇总量

我国 80% 以上的陆地生态系统碳汇来源于森林，建设森林碳库是比较成熟、比较经济、副作用较小的增汇手段。镇江稳步推进国土绿化造林，持续强化森林资源管理，全面提升涉林服务效能，全力守护生态本底，不断满足群众对美好生态环境新期待。自 2012 年以来，集中抓好国土绿化、植树造林、村庄绿化美化等工程，进一步拓展造林空间，持续增加绿化总量。结合更新、

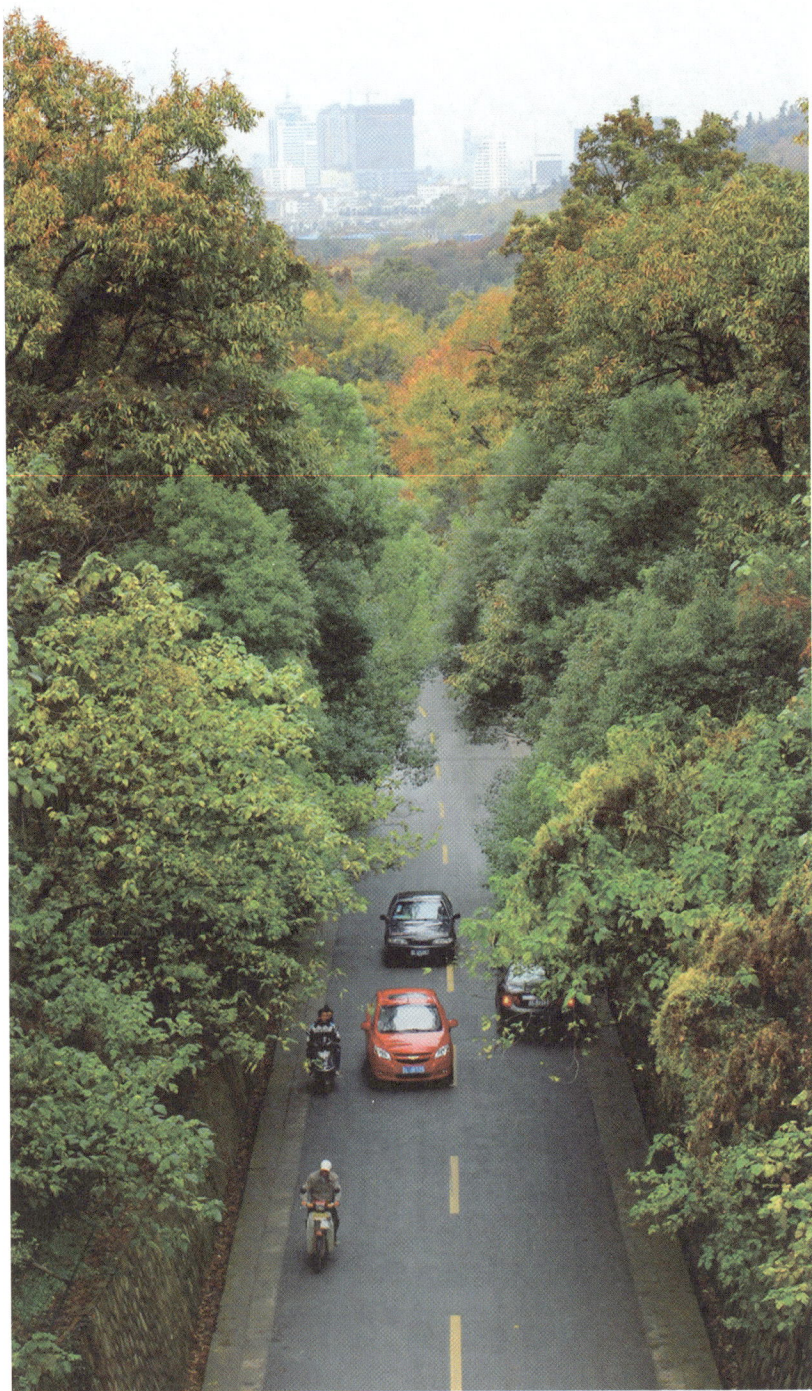

· 道路两旁郁郁葱葱

补植、抚育等措施，因地施策，积极开展森林抚育、退化林修复和低效林改造，不断提升森林资源质量。严格执行年森林采伐限额制度，全市未发生一起违规审核审批现象，合格率达 100%。狠抓高危时间段森林防灭火工作，无重大火灾事故。建设生态景观防护林约 7000 亩，提升 2.6 万亩长江沿线森林质量，重点打造高新区滨江湿地公园、西口门体育公园、江大北健身公园等一批节点，全市沿江两岸初步建成"一带多点绿美长廊"。

截至 2022 年底，全市累计完成森林抚育 81.4 万亩，森林覆盖面积达 934.3 平方千米，林木覆盖率为 25.6%，自然湿地保护率为 60.3%，湿地保有量达 418 平方千米。建成省级绿美村庄 456 个，村旁、路旁、水旁、宅旁基本实现绿化，村庄绿化覆盖率达 35% 以上。截至 2023 年，江苏省共发布两批 36 条森林步道，镇江有 4 条入选，分别为赤山湖森林步道、圌山森林步道、句容磨盘山森林步道和丹阳黄连山森林步道。

同时，逐步扩大生态安全缓冲区试点范围并增加试点类型，引导在重点排污口下游、河流入湖（海）口、支流入干流处等关键节点因地制宜建设人工湿地等水质净化工程设施，减轻环境污染负荷，促进生态系统自我调节和有序演化，推动生态系统修复完善，提升生态产品供给水平和保障能力，发挥生态、人文、景观和社会等多重效益，持续改善人居环境，促进区域经济发展。该缓冲区总占地面积 79 亩，尾水设计处理规模为 2 万立方米/天，采用"生态塘 + 潜流人工湿地 + 表流人工湿地"的组合生态处理工艺。投入运行后，尾水中各项污染物的去除率均将有所提升，预计 CODcr 年削减 146 吨，NH3-N 年削减 25.6 吨，BOD5 年削减 29.2 吨，TP 年削减 1.5 吨，人工湿地每年碳汇量为 7.9 吨二氧化碳，可以提升滨江带生态功能，维持物种多样性，提高生态环境承载力。

· 全面推进林长制工作做深做实

（三）整治农村人居环境

2019 年至 2020 年，为贯彻落实中共中央办公厅、国务院办公厅印发的《农村人居环境整治三年行动方案》，镇江市委、市政府打响农村人居环境整治"攻坚战"，以提升农村人居环境水平为抓手，推进乡村振兴，建设生态新农村。按照因地制宜、分类指导，示范先行、有序推进，注重保护、留住乡愁，村民主体、激发动力，建管并重、长效运行，落实责任、形成合力的原则，实施农村人居环境综合整治；制定出台《镇江市农村人居环境整治专项行动实施方案》《镇江市农村人居环境整治工作评估办法（试行）》等文件，明确整治措施和奖补资金兑现办法。市委分管领导牵头，组织部门参与，整合农业农村、住建、水利、生态环境、城管、卫健等相关职能部门力量，专门成立"市党建引领乡村振兴专项行动办公室"，坚持党建引领、群众参与，在立足长远，开展新一轮优化镇村布局规划的基础上，围绕"四清一治一改"要求，分类定策，集中整治，推动农村人居环境整治工作向更实更细迈进。组织部门进一步压实责任，引导各级党组织高度重视村庄环境整治任务，做到"县领导包镇、镇领导包村、村领导包组"，推动形成"一把手"负总责、分管领导抓统筹、具体负责部门抓落实的工作格局，完善"一级抓一级、层层抓落实"

· 推进农村人居环境整治

工作机制，构建起横向到边、纵向到底的责任机制。同时把村庄环境整治作为基层组织建设的重要内容，将基层组织建设和乡村振兴任务同步推进、同步落实。指导基层全面梳理党的组织设置，因地制宜设立党小组，推动党小组在村埭上"生根"、在村民家中"落户"。年底，组织部门开展专项考评，考评结果纳入基层党建工作考核，充分调动各地认真抓好村庄环境整治工作任务的主动性和积极性。

2020年上半年和下半年，市委、市政府分别组织召开全市乡村振兴现场观摩推进会，市四套班子领导分路带队现场观摩农村人居环境综合整治情况，每路6个点，两次不重复。

截至2020年底，三年行动期间全市累计新建农村无害化卫生户厕5.58万余座；新（改）建垃圾房5655座、购置垃圾清运车辆786辆、改造老旧垃圾转运站设施设备18座；全市新（改）建农村公共厕所377座，农村无害化卫生户厕普及率达95%以上，行政村生活污水处理覆盖率达100%，农村生活垃圾集中收运率达100%，累计建成各类美丽宜居村庄578个、省级绿美村庄66个，开展特色田园乡村建设试点21个，13个获省级命名；18个村庄被命名为江苏省传统村落。丹阳市生活污水治理典型做法列入国务院大检查反馈正面清单；扬中市"八位一体"运行维护机制入选首批全国农村公共服务典型案例；全市列入整治的 7014 个自然村全部完成村庄环境整治并通过验收销号；全市农村人居环境长效管护机制基本建立。

（四）实施绿色矿山建设

当前，我国处于经济发展的关键阶段，资源需求刚性增长，环境压力日益增大，绿色矿山建设成为转变矿业发展方式、实现矿业健康可持续发展的必然选择。镇江市以资源合理利用、节能减排、保护生态环境和促进矿地和谐为主要目标，发展绿色矿业、建设绿色矿山，重点实施中国水泥厂青龙山矿区外围废弃矿山地质环境治理工程、北山水库水源地保护区工矿废弃矿山地质环境整治工程、长江沿线 10 公里范围内废弃露天矿山生态修复工程。从推进国土空间全域综合整治，严格控制山体周边开发建设，加大废弃露天矿山生态修复力度等方面，深化绿色矿山建设行动，加强润州船山矿、句容矽锅顶水泥灰岩矿、丹徒荣炳盐矿等全国绿色矿山的示范推广。以废弃矿山土地复垦整理和生态建设为重点，打造矿山地区生态修复与生态经济发展的示范区，探索绿水青山向金山银山转化的典型案例。以明晰生态资源产权为抓手，采取三位一体的环境综合治理 EOD 引领发展模式，创新推进生态修复、产业发展与生态产品价值实现。按照"矿地融合"理念，依托修复后的自然生态系统、地形地势、历史文化、矿业文化等，建设集旅游、养老、居住于一体的生态居住区。

十年来，全市治理废弃露天矿山 159 处，修复治理面积 14.4 平方千米；已建成 3 家国家级绿色矿山、2 家省级绿色矿山，其中句容台泥矽锅顶矿区被自然资源部评为"国家级绿色矿山试点单位"，有效改善了地质环境。完成长江沿线 10 公里范围内废弃露天矿山生态修复，修复数量和面积均居全省第一。

< 废弃矿山换新颜 >

· 原巫岗第二采石宕口修复前全景照片（2019 年 6 月拍摄）

· 原巫岗第二采石宕口修复后全景照片（2023 年 6 月拍摄）

二、聚力共抓长江大保护

"共抓大保护，不搞大开发"，这是 2016 年习近平总书记为长江经济发展定下的总基调。镇江拥有长江岸线 293.8 公里，在江苏省沿江八市中位居第二，肩负守护长江生态屏障的重任。为了扛好守护长江生态屏障的重任，通过人为干预，以岸线有序开发、资源永续利用、民生逐步改善的多赢思路为方向，推进湿地保护修复，实施生态系统保护修复重大工程，书写长江生态大保护"答卷"，重现"满眼风光北固楼"。

·配合做好长江生态环境保护民主监督工作

（一）深化湿地绿色化修复

作为生态文明建设和镇江环境建设不可或缺的重要组成部分，加大对湿地资源的修复和保护，有利于走好城市绿色发展之路。为加强湿地修复保护，镇江制定印发《镇江市"十四五"长江经济带湿地保护修复实施方案》，给湿地保护工作指明方向。加强省级重要湿地监管，开展巡护和遥感监测。严格湿地用途管控，推进湿地保护修复和湿地保护小区建设。

截至 2022 年底，全市长江沿线建成由省级自然保护区、湿地保护小区、国家级水产种质资源保护区、饮用水水源保护区和国家级风景名胜区构成的多层级湿地保护体系。完成 142 个长江干流岸线利用项目清理整治。累计拆除建筑物 20 万平方米，腾退岸线 9.8 公里，江滩复绿约 12 万平方米，长江干流及洲岛岸线开发利用率控制在 16.4%，新建湿地保护小区 21 个，自然湿地保护率由 17.7% 提升至 65.1%，累计修复湿地面积 2 万余亩。

赤山湖位于句容市西南部，是秦淮河水系上游一座古老的湖泊。由于历代围圩垦种、圈圩养殖，导致湖面逐渐缩小，直接影响湖泊的水利调蓄能力和生态修复功能。自 2007 年以来，镇江市先后关停、搬迁了附近多家化工污染企业，解除了 6000 亩精养鱼塘养殖合同，并通过退渔还湖、退渔还湿，完成了 1 万多亩湿地的修复与恢复，相继实施河道治理、堤防加固、闸站建设等工程，恢复出花兰墩、白水荡两大湿地。经过近十年的建设，赤山湖湿地形成了"湖面广阔、河流环绕、滩涂交织、岛屿点缀"的自然风貌。

每年秋冬季节，数以万计的冬候鸟飞临赤山湖湿地栖息、中转。春夏季节，越来越多的夏候鸟、留鸟在这里筑巢、繁衍。甚至有不少野鸭与鹭鸟改变了迁徙的习性，选择常年居住于此。赤山湖国家湿地公园已然成为鸟儿的温馨家园。

目前，赤山湖国家湿地公园记录到的物种总数超过 700 种。其中，野生鸟类达 15 目 52 科 128 属 199 种，包括东方白鹳、中华秋沙鸭和青头潜鸭、白枕鹤 4 种国家一级重点保护野生动物和小天鹅、白琵鹭、苍鹭、长耳鸮、鹊鹞等 39 种国家二级重点保护野生动物，以及百余种国家"三有"保护动物。与十年前湿地公园建设初期相比，鸟的种类增加了 130 种，数量也保持稳定增长趋势。随着湿地恢复保护工作的有序推进，野生动物栖息环境的显著改善，野生鸟类尤其是越冬鸟类的种类与数量逐年增加，赤山湖国家湿地公园在生物多样性保护、科普宣教和生态旅游等方面的价值持续攀升。

· 生态赤山湖

（二）加强生物多样性保护

生物多样性是实现绿水青山的重要前提，也是重要的战略资源。加强生态保护修复，对于增强生态产品提供能力，提高资源环境承载力，维护生态系统质量和稳定性有重要意义。为实现对自然保护地及野生动植物的保护，镇江市积极实施生物多样性保护战略与行动计划，定期开展水域湿地、山地丘陵等重点区域生物多样性调查；加强林木种质资源保护与利用，加大国家重点保护野生植物和古树名木保护力度；实施珍稀濒危物种拯救行动，维护各类濒危动植物及其生境；严厉打击违法野生动物交易行为，坚决取缔非法野生动物市场，逐步取消活禽市场交易。

经过十年的不懈奋斗，长江豚类省级自然保护区生物多样性监测已记录维管束植物 162 种，陆生昆虫物种 106 种，哺乳动物4 种，鸟类 86 种，两栖爬行动物 7 种。其中，长江江豚数量为1249 头，5 年来增加 23.4%，实现止跌回升，生物多样性工作取得显著成效。

·调研推进长江大保护工作

案例 6-2　守护一江碧水，留住"微笑天使"

为有效保护长江镇江段豚类资源及其栖息地，2003 年经省政府批复同意建立"江苏镇江长江豚类省级自然保护区"，总面积 57.3 平方千米，是全省最早建立的水生生物自然保护区。它的独特性在于和畅洲将长江分隔为南北两汊，南汊为主航道，北汊不通航，为核心保护水域。

为强化江豚保护法治保障，镇江市会同南京市、马鞍山市共同制定《关于加强长江江豚保护的决定》（以下简称《决定》），该《决定》是全国首例对单一物种的流域性跨区域协同立法；出台《关于进一步加强江苏镇江长江豚类省级自然保护区管理工作的意见》和《镇江市生态红线区域保护规划》，科学规范推进保护区保护和管理工作；设立豚类自然保护区综合管理联席会议和巡护管理制度，对豚类自然保护区实行分级分类管理，成立地方性长江江豚保护联盟，为长江镇江段江豚增加了一道保护网。

近年来，通过开展增殖放流、修复水生植被、建设生态浮岛等生态修复措施和禁渔期执法管理，保护区生态环境得到明显改善。保护区内现有江豚 25 头左右，野生动植物 440 余种，其中国家重点保护野生动植物 20 余种。全市累计投入放流资金 2900 余万元，放流各类苗种 1.8 亿尾。

·长江大保护喜现江豚戏水（拍摄于五峰山大桥豚类保护区）

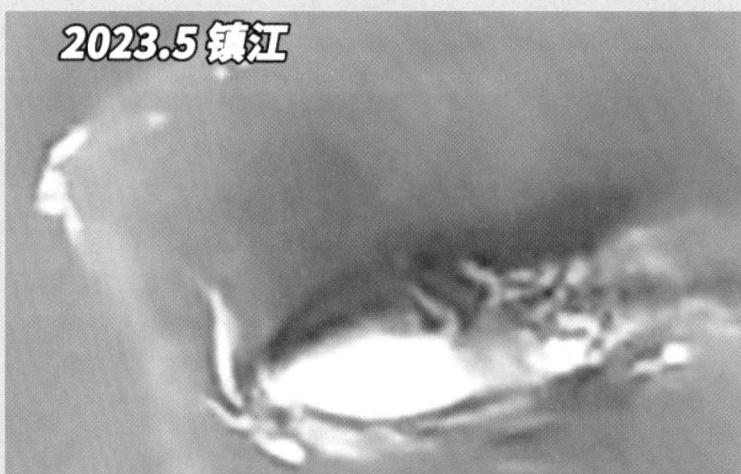

2023.5镇江

·江豚捕食长江刀鱼（两种珍稀动物同时出现在长江镇江段，折射出长江流域治理及生态环境系统保护修复的成果）

（三）实施禁渔网格化管理

镇江把长江资源作为最宝贵的资源，严格落实禁渔措施，构建"纵向到底、横向到边"覆盖市、县、镇、村的四级网格化管理格局，打通禁渔"最后一公里"。按照"应退尽退、应收尽收、应保尽保"原则，确保退捕渔民上岸有出路，生活有保障。打造"人防＋技防＋机防"的全天候监管模式，整合全市 133 个渔政探头和 69 个水政探头，搭建"镇江市长江禁渔智慧监控平台"。建立健全长效管理体系，持续开展渔业资源增殖放流，自 2002 年起，全市连续 20 年累计投入资金近 3000 万元，放流各类苗种 1.9 亿尾，促进了渔业资源恢复和长江水域生态环境改善。根据农业农村部组织开展的 2022 年全流域长江江豚科学考察，鱼类种类和资源量逐步提升。2022 年，镇江长江流域重点水域监测到鱼类 193 种，比 2020 年的 168 种增加 25 种。

三、力促治理能力大提高

环境治理可以有效促进资源的合理开发和利用，推动环保产业和实现经济可持续发展。镇江持续加强环境治理，进一步夯实工作基础，完善健全生态环境治理体系，提升土壤防治能力，提高土壤固碳能力，推进水环境治理全面提升，助力实现"双碳"目标，大力推动绿色低碳发展。

（一）构筑生态环境治理体系

生态环境保护治理领域，是公众参与和社会治理机制发育相对成熟的领域，环境问题表象在技术，其深层原因在制度。生态环境治理体系，既是新时代国家治理体系的重要组成部分，也是

· 润扬长江大桥湿地公园

平衡经济发展与环境保护的重要手段。镇江市以问题为导向，以提升生态环境质量为核心，不断改革创新生态环境治理基础制度，按照"创新体制、补齐短板、提高能力、强化支撑"的思路，优化资源配置，充分发挥系统性改革的聚合效应，组建生态环境系统"一局一站一平台一中心"，为构建现代环境治理体系提供关键支撑；积极推进环境污染防治综合监管平台建设，推动环境问题交办督办一体化处理，打造全市一盘棋的"大环保"格局；着力加强环境应急管理机构建设，打造专业的环境应急"救援队"、环境执法"调查队"和环境问题处置"生力军"，不断提高生态环境保护工作的效率和储备效能。

截至2022年底，全市通过举一反三开展长江岸线保护、黑臭水体治理、蓝天保卫战、打击固体废弃物非法倾倒、工业"散乱污"企业整治等五大专项行动，清理整治长江干流岸线违法违规项目184个、排查整治黑臭水体10条、蓝天保卫战"利剑"执法行动立案处罚411件、立案查处固废危废违法案件23起、整治工业"散乱污"企业1489家。

（二）提升土壤污染防治能力

土壤作为培育粮食的载体，安全问题逐渐引起人们的关注。土壤污染防治不仅可以直接改善生存环境，还可以间接地促进农业绿色发展。镇江市把土壤污染防治摆在重要位置，实施"三大战役"，守护好一方净土。以重点行业企业用地和农用地为重点，开展土壤污染调查与监测。严守生态红线，在红线区域，实施严格的土地用途管制和产业退出制度，坚决控制新增土壤污染。从企业的日常管理、拆迁拆除、废物处置入手，加大现有污染源管理力度，按照"谁污染，谁治理"原则，开展重污染遗留地块专项整治，有序开展土壤污染治理与修复。截至 2022 年底，全市测土配方施肥技术覆盖率在主要农作物（稻麦油）生产上稳定在95% 及以上，测土配方技术推广面积达 222 万亩，其中配方肥应用面积近 134 万亩，用量达 2 万吨（折纯量）。

·先锋村四季春草莓采摘大棚（2014 年 12 月 13 日，习近平总书记视察时，对全村发展现代高效农业，促进农民增收致富的思路、举措和成效给予充分肯定，对发展好现代高效农业提出新要求、新希望）

　　化肥农药减量增效作为各级政府推动绿色生态农业的主要内容，其理念早已深入人心，得到社会各界普遍认同。十年间，围绕"稳粮增收调结构，提质增效转方式"，强化责任落实，细化具体工作措施，积极开展监督检查，全面推进农用化学品走上低量高效的道路。2013 年，打造了世业镇先锋村农业园草莓水肥一体化技术示范点。2014 年 12 月，习近平总书记视察镇江，走进草莓大棚，实地察看草莓生长情况，并嘱托："现代高效农业是农民致富的好路子。要沿着这个路子走下去，让农业经营有效益，让农业成为有奔头的产业。"

　　镇江牢记习近平总书记的嘱托，把农药减量作为生态农业的重要抓手。在政府层面分解任务指标，统筹污染治理，稳扎稳打推进农药减量工作，以更高水平保护推动农业高质量发展。"十三五"以来，全市农药使用量逐年降低，连续 6 年实现负增长。同时，农用化肥使用量从 2015 年的 53860 吨（折纯量），削减到 2022 年的 45893 吨（折纯量），其中 2020 年较 2015 年削减 13.3%，2022 年较 2020 年削减 1.7%。截至 2022 年底，已建立耕地质量提升和化肥减量增效各类示范区 15 个，示范样板田 35 个，总面积约 5.4 万亩。所有示范区内化肥施用量较常规施肥平均减少 5%，化肥利用率保持在 40% 以上。

　　大半个世纪以来，我国随着工业化、城市化的不断推进，经济社会加速发展，人口大幅增加，农用地减少，农业发展形成了极端依赖化肥、农药的局面。虽然使用化肥和农药对化解粮食危机作出了重大贡献，但是它在相当程度上违背了生物多样性及生态系统规律，导致物种大批消失、生态系统崩溃，严重动摇了人类社会赖以存在的基础，产生了严重威胁人类生存的环境、资源、食品危机。

　　多年来，句容市戴庄村努力探索"绿色农业"新技术，经过多年经验总结，探索出了"生物多样性农业"新道路。生物多样性农业赓续中华农耕文明传统，同时组合现代文明绿色创新农业先进生产力手段，使传承与创新相结合。它不同于一般不用化肥、农药的所谓"有机农业"，而是以培育生物多样性、修复被破坏的农业生态系统为目标和重要手段的农业新技术。

　　句容市戴庄村利用生物多样性，在调整农业生态系统结构组成的同时，辅以相应的健康栽培和饲养技术，并因地制宜综合农、林、牧、渔各业，绿肥牧草轮作；增施秸秆、粪便等农牧副产物还田，提高资源、能源循环利用效率；大力开发利用土壤微生物等措施，大幅度改善土壤有机质及其养分含量、保水保肥能力、储碳能力等。戴庄村的 2500 亩水稻田土壤有机质已经从十多年前的 1 提高到 2 以上，田间随意挖掘很容易见到蚯蚓，取得了以较低成本[≤ 2000 元/（亩·年）] 3 年快速改良土壤的经验。

随着生物多样性越来越丰富，农业生态系统内部的生物链柔性不断恢复增强，生态系统抗御自然灾害的能力越来越强。物种种群之间相互依存、相互制约的关系会使整个农业生态系统组成与功能越来越趋于相对稳定的动态平衡。在稻田农业生态系统达到相对动态平衡以后，系统中会有一定数量的害虫，但由于天敌的制约，一般都不会爆发。这就是戴庄村十多年来大面积不用农药，水稻仍能生长正常的秘诀。此外，不到十年时间，句容市戴庄村稻田小动物物种数量达到 130 种左右，比邻村常规种植稻田高出 6 倍以上。

　　生物多样性和绿色农业之间密切相关，保护和发展生物多样性可以实现可持续农业目标，给农业生产带来巨大价值；同时，农业生产也会对生物多样性造成一定的影响。因此，"生物多样性农业"作为绿色农业技术新途径，正不断推动我国农业走上高质量、可持续的绿色发展道路。

· 赵亚夫（中）指导农户栽植高架草莓

（三）可持续推进水环境整治

水环境对人类的生产和生活影响较大。好的水环境，不仅可以改善自然生态，提高生活质量，而且可以有效推动社会经济进步与发展。镇江市持续推进重点行业整治，大力实施重化工业安全环保提升行动，深入开展电镀行业治理，确保废水稳定达标排放；实现入江入河排污口整治监测全覆盖，开展"美丽镇江·幸福河湖"行动，实现水质整体改善；严格落实区域供排水通道保护要求，优化调整饮用水水源布局，确保饮用水安全；持续推动船舶环保设施改造，分批淘汰不符合环保要求的船舶；完善智慧水利平台建设，实现河湖治理与保护科技化、信息化；加强农村生活污水处理设施建设和运维，促进农村生活污水治理提质增效，同时与农村厕所粪污治理无缝衔接，消除较大面积的农村黑臭水体；因地制宜推进生态安全缓冲区示范工程，形成形式多样的"自净"水系统和颇具"野趣"的自然生态环境。

·推进新孟河河长制工作

截至 2022 年底，全市实施水土保持综合治理项目 16 个，治理小流域面积 128 平方千米。水土流失面积从 265.6 平方千米下降至 154.5 平方千米，水土保持率达到 96.0%。用水总量控制在 46.5 亿立方米以内，万元国内生产总值用水量 53.1 立方米，较 2012 年下降 42.9%。累计建设农村生态河道 445 条 917 千米，农村生态河道覆盖率达到 44%。打造出一批标准高、示范性强的"水美乡村"品牌，有 16 个镇、105 个村被江苏省水利厅评定为"水美乡村"。

　　"一湖九河"是镇江市的主要水系，实施"一湖九河"整治工程，对建设绿色城市有重要意义。该工程以建设山水花园城市为核心，以"海绵城市"建设理念为指导，实现"水清岸绿、鱼虾洄游、环境优美"的目标。建立组织体系，推深做实河湖长制，以河湖长制，促进河湖长治，通过"渗、滞、蓄、净、用、排"工程措施，实施一系列水环境综合治理，重点消除黑臭水体。同时，专项清理江河、湖泊、水库管理范围内的塑料垃圾，开展河道管理范围内及两侧违规倾倒生活垃圾行为的排查，解决江河湖库、坑塘沟渠等处生活垃圾随意倾倒、堆放导致的塑料污染问题。目前，已建立"一湖九河"长效化管理机制，打造了良好的滨水景观环境，构建了一城活水生态水网，还市民鱼翔浅底好风光。

· "一湖九河"整治后，再现美丽河湖新诗篇

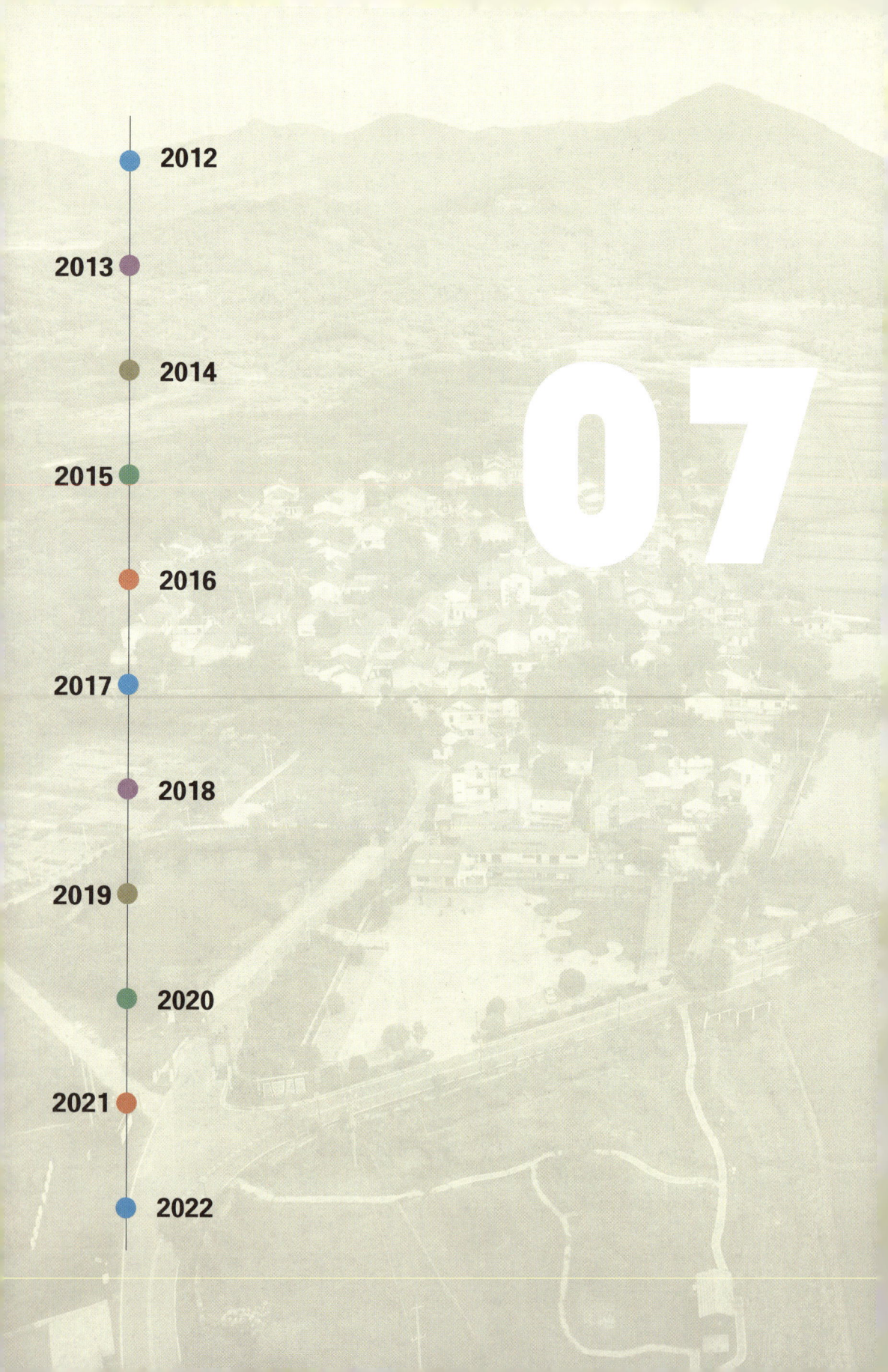

2012

2013

2014

2015

2016

2017

2018

2019

2020

2021

2022

07

第七章

创新体制机制，提升低碳治理效能

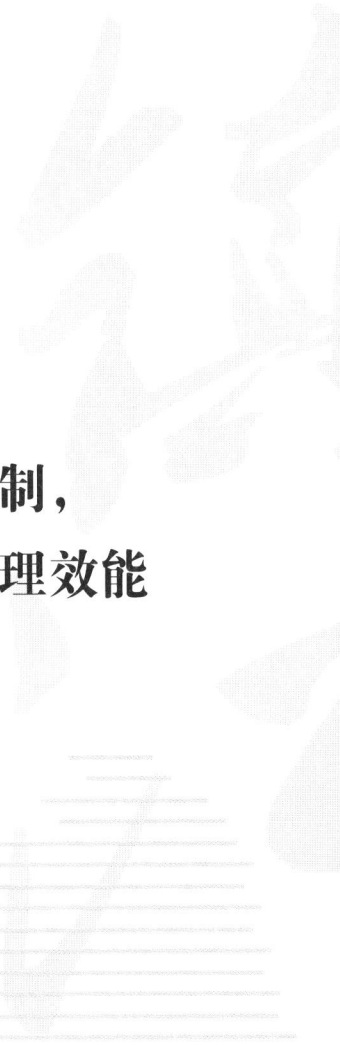

体制创新是绿色发展向更深层次转型的必然要求。通过创新，重新调整和优化组织结构，建立能够调动每个社会成员的积极性、主动性和创造性的组织形式、规章制度和机制，最大限度发挥组织的整体功能，从而产生最大的社会效能。为发挥体制机制的重要引领作用，谱写生态优先绿色发展新篇章，绘就山水人城和谐相融新画卷，走出具有地方特色的绿色发展之路，镇江围绕体制机制、标准支撑、合作交流和金融赋能，不断夯实基础，构建完备的工作体系，加强创新示范，扎扎实实把中央决策部署落到实处，积极为实现碳达峰碳中和目标持续贡献镇江力量。

一、确立制度体系，健全低碳工作机制

城市低碳发展作为一项系统性工程，是实现"双碳"目标的重要路径。镇江把制度建设作为推进生态环境保护的重要抓手，建立健全低碳发展体系，完善低碳工作机制，加强低碳能力培养，为低碳发展奠定基础，提供保障。

（一）严密组织推进

以低碳理念引领城市发展，建立严密的组织体系，是推动城市绿色发展的重要力量。2012 年 12 月，镇江成立由市长为第一组长的低碳城市建设工作领导小组，2016 年调整为市委书记任第一组长、市长任组长。2017 年，设立"市低碳发展办公室"，专职化运作，并在市发改委设立"低碳发展处"。2018 年，领导小组更名为"镇江市生态文明（低碳城市）建设领导小组"，市委书记为第一组长、市长为组长，领导小组下设办公室，办公室设在市发改委。2019 年，由于机构调整，办公室职能调整到市生态环境局。自 2021 年以来，以习近平同志为核心的党中央在多次会议中旗帜鲜明地提出"3060"宏伟战略目标，镇江成立由市委主要领导任第一组长、市政府主要领导任组长的碳达峰碳中和领导小组，进一步汇聚各地、各相关部门的力量，明确任务，落实责任，统筹推进碳达峰碳中和相关工作。

（二）科学建章立制

科学合理的政策体系规划，作为执行低碳发展建设工作的重要保障，有助于高效完成碳达峰碳中和目标，助推城市走上可持续、高质量发展道路。镇江突出目标引领，率先专题开展碳峰值目标和达峰路径研究，综合考虑人口、GDP、产业结构、能源结构等因素，建立城市碳排放变化趋势模型，对基准情景、强减排情景、产业结构强减排情景、能源结构强减排情景等四种情景进行分析。2013年提出，在全国42个低碳试点城市中，率先实现碳排放峰值的目标，围绕"率先达峰"，编制出台《镇江市中长期低碳发展规划》、《镇江市低碳城市试点工作实施方案》、《镇江市人民政府关于加快推进低碳城市建设的意见》和《镇江市生态红线区域保护规划》等系列政策文件，研究确定并严格落实产业发展"负面清单"，大力实施碳排放预算管理制度，建立健全评估、考核等配套措施，扎实抓好产业升级、节能减排等关键环节，形成了强有力的低碳发展倒逼机制。自2021年以来，绿色低碳发展进入了新的阶段，为进一步贯彻落实国家、省文件要求，构建全市碳达峰碳中和政策体系，积极稳妥推进碳达峰碳中和工作，联合中国社会科学院生态文明研究所等科研院所针对二氧化碳排放峰值、达峰实现路径等重大问题开展研究，出台《关于推动高质量发展做好碳达峰碳中和工作的实施意见》，贯穿碳达峰、碳中和两个阶段，在碳达峰碳中和政策体系中发挥统领作用，统筹做好全市低碳发展工作。

（三）依法高效治理

"良法"是"善治"的逻辑起点，绿色低碳发展同样离不开法治保障。为深入贯彻落实习近平法治思想和习近平生态文明思想，推进生态优先、节约集约、绿色发展，促进人与自然和谐共生，更好地发挥法治固根本、稳预期、利长远的保障作用，镇江市积极将绿色转型、污染防治、生态系统保护修复、碳达峰碳中和推进等纳入法治轨道，大力落实科学立法、严格执法、公正司法、全民守法，全面推进绿色发展工作法治化。2015年，为加强对金山焦山北固山南山风景名胜区的管理，有效保护和合理开发利用风景名胜资源，制定出台《镇江市金山焦山北固山南山风景名胜区保护条例》。2016年，出台《镇江市饮用水源地保护条例》。2017年，出台全国首部关于长江岸线资源保护的地方性法规——《镇江市长江岸线资源保护条例》，实施《长江（镇江段）两岸造林绿化建设方案》，加强碳汇能力建设。2019年，出台《镇江市山体保护条例》，对责任主体、修复治理、合理利用、法律责任等进行明确规定。2021年，出台《镇江市扬尘污染防治条例》，保护和改善大气环境，保障公众健康。2022年，出台《关于加强长江江豚保护的决定》，作为全国首例对单一物种的流域性区域协同保护立法，其以高标准完成了镇江长江豚类保护区生态修复。市人大常委会多次组织低碳、生态和环境保护专项执法检查。为改善城乡人居环境，加快推进《镇江市生活垃圾分类管理办法》《镇江市餐厨废弃物管理办法》《镇江市工业固体废物管理条例》《镇江市建筑垃圾管理条例》等立法进程，用法治力量推进低碳发展。

（四）以项目化落实

全面坚持和推动项目化运营和精细化管理，以项目管理的模式，高效推进低碳发展工作的落实。坚持每年制定《镇江低碳城市建设行动计划》，开展优化空间布局、发展低碳产业、构建低碳生产模式、碳汇建设、建设低碳建筑、开发利用低碳能源、发展低碳交通、低碳能力建设、构建低碳生活方式等"九大行动"，并细化落实到具体项目、百项清单，构建立体化的低碳城市建设体系。同时，不断落实项目化推进机制，将年度任务分解并纳入年度党政考核，定期组织低碳城市建设工作的督查，掌握目标任务的执行情况，通过抓信息、抓跟踪、抓项目，促进各级各部门，加大工作力度，采取扎实有效的措施，确保年度目标任务完成。用好区域碳考核"指挥棒"，以县域为单位，实施碳排放总量和强度的双控考核，兼顾各地历史排放量和实际减排能力，研究制定差异化碳排放目标任务，将单位GDP二氧化碳排放下降率列为全市国民经济和社会发展指标，并将考核结果纳入年度党政目标绩效管理体系。

二、以标准为支撑，推动低碳快速发展

数字赋能，绿色发展。数据标准化建设的重要性日益凸显，对于充分发挥能源大数据价值、支撑政府治理现代化、推动能源转型、助力能源行业高质量发展有重要作用。镇江积极探索低碳标准制定，加强低碳数据平台建设和推广应用，推动低碳发展试点示范不断取得新的成绩。

（一）探索地方低碳化实施标准

标准决定质量，在我国绿色低碳高质量发展过程中，"标准"起着重要作用。镇江积极探索推动绿色低碳相关领域的地方标准制定与试点示范，推进低碳标准实施工作，增强低碳发展本领，

加快全面绿色转型，为全国绿色低碳发展贡献镇江方案。

1. 制定碳标准。发布 5 次低碳发展"镇江指数"，研究制定《低碳城市评价指标体系》省级地方标准，与世界自然基金会（WWF）合作制定《低碳学校建设指南》市级地方标准，出台《低碳景区评价体系》市级地方标准，推进 6 个低碳景区建设，出台《重点行业（电力）碳排放计量审查细则》，成为全国首个"国家低碳计量试点城市"。

2. 探索碳评估。2014 年，率先开展碳评估实践。专门出台《镇江市固定资产投资项目碳排放影响评估暂行办法》，实施固定资产投资项目碳排放影响评估制度，从源头上严格控制高能耗、高污染、高碳排放项目。碳评估由政府公共财政买单，在能评和环评的基础上，从低碳的角度综合评价项目的合理性和先进性。红灯否决、黄灯补偿、绿灯放行，构建起产业低碳发展的"防火墙"。随着碳达峰碳中和工作的深入开展，国家、省级层面正在推动能耗双控向碳排放双控转变。镇江市在碳评估工作开展过程中，积累了丰富的经验，为践行绿色低碳发展，落实"双碳"战略奠定了坚实的基础。

3. 开展碳监测。根据《江苏省碳监测评估试点工作方案（试行）》，选取镇江市已纳入国家试点的 2 家火电行业企业（国家能源集团谏壁发电厂、江苏华电句容发电有限公司）安装二氧化碳自动在线监测设备进行试点，开展废气总排口的二氧化碳排放浓度、烟气流量、烟温、湿度、氧含量等相关烟气参数的监测。

4. 实施碳捕集。建成江苏索普化工股份有限公司、华电江苏能源有限公司句容发电厂等碳捕集、利用与封存项目（CCUS）。江苏华电句容发电有限公司配备的碳捕集设施可以把废气中的二氧化碳捕捉为食品级干冰，纯度可达 99% 以上，每年可捕集二氧化碳 1 万吨。

案例 7-1　低碳发展新指数，绿色引领新路标

2016 年，镇江市政府与国家应对气候变化战略研究和国际合作中心（以下简称气候中心）共同签署《关于加强低碳发展合作的战略合作协议》，委托气候中心研究发布低碳发展指数。此后，在五届国际低碳（镇江）大会上均进行了发布。

低碳发展"镇江指数"由 4 大类 16 个指标构成。4 大类包括低碳发展理念、低碳发展水平、低碳发展进展、低碳发展管理；16 个指标分别是峰值目标、低碳规划、单位 GDP 碳排放、人均碳排放、单位能源碳排放、服务业增加值比重、单位 GDP 能耗下降、非化石占一次能源消费比重上升、单位工业增加值能耗下降、公交机动化出行分担率、城市建成区绿地率、年均 PM2.5 浓度下降、管理体制工作机制和试点示范、温室气体清单、碳排放管理平台、低碳发展制度创新。除了对城市低碳发展进行评估外，低碳发展"镇江指数"的标尺意义还在于其出具的"体检报告"，为各个城市的绿色低碳实践指出了发展短板和方向。

国家气候战略中心对照低碳发展"镇江指数"指标体系，选定 36 个全国低碳试点城市进行评估并排名，同时对镇江低碳发展的弱项指标、工作薄弱环节提出了合理化建议，为全国低碳发展指出了努力方向和路径。选择以"镇江指数"来命名低碳发展指数，为衡量城市低碳发展水平提供了标尺，是对镇江低碳发展成果的充分肯定。

·国家应对气候变化战略研究和国际合作中心徐华清主任发布低碳发展"镇江指数"

（二）构建能源碳排放管理平台

碳管理是实现经济高质量发展和环境保护的重要手段之一。随着智能技术、大数据、云计算等科技的发展，建设低碳管理云平台作为碳管理的创新模式，逐渐成为深化低碳发展试点示范的重要举措。镇江以加强城市治理体系和能力建设为重点，综合运用云计算、物联网、智能分析（BI）、地理信息系统（GIS）等先进的信息化技术，在全国率先建成城市碳排放核算与管理云平台。2021年，根据"双碳"工作最新部署要求，该平台进一步迭代升级为能源和碳排放管理平台。通过平台在线监控企业煤、电、油、气消耗及生产过程中的碳排放，部署应用碳排放分析及管理、重点项目碳评估、重点碳排放企业监管等功能模块，加强对全市用能企业的监测研判，为企业搭建碳资产管理系统，引导企业实施节能降碳精细化管理，并为政府调控、公众咨询、社会监督提供服务，加快实现"双碳"目标。

案例 7-2 智能云管家，低碳好参谋

　　作为全国低碳试点城市，镇江以加强城市治理体系和能力建设为重点，在全国率先建成城市碳排放核算与管理云平台，成为低碳城市的"智能管家"和政府低碳监管的"决策参谋"。以碳平台为基础，整合国土、环境、资源、产业、节能、减排、降碳等数据资源，融入以探索产业"碳转型"、项目"碳评估"、企业"碳监测"、区域"碳考核"为主要内容的"四碳"创新，引导企业进行精细化管理，提升低碳管理的信息化和技术化水平，逐步构建城市低碳发展管理体系。2014 年，习近平总书记在镇江市考察期间参观了该平台，褒奖镇江低碳城市建设工作。近年来，按照习近平总书记的谆谆嘱托，镇江市坚决贯彻落实国家和省绿色低碳发展、碳达峰碳中和相关决策部署，全面创新低碳技术，在原有碳平台基础上，结合能源大数据中心的建设，对碳平台进行了升级，将碳平台打造成打通碳排放数据壁垒、激活碳排放数据价值的城市碳达峰碳中和和数字经济平台。目前，该平台已上线运行，将为摸家底、评现状、测未来、寻潜力、强监管、碳金融等提供全面技术支持，为确保如期实现碳达峰碳中和目标提供科学决策依据。2021 年 12 月 6 日，镇江市碳达峰碳中和管理平台作为绿色高质量发展的典型案例被央视《新闻联播》报道，为全国低碳发展贡献了"镇江智慧"。

（三）提升低碳监测计量能力

低碳监测与计量是推进节能减排工作的"千里眼"和"顺风耳"，权威、真实、准确的碳排放数据和完善健全的标准计量体系有助于加快推进碳达峰碳中和建设。强化相关基础能力建设，是碳达峰碳中和政策制定、工作推动、考核评价、谈判履约的重要依据。自2017年成为全国首个低碳计量试点城市以来，镇江市积极推进计量能力提升工作，将计量融入低碳产业发展、能源消费转型升级、碳交易市场建设、气候变化应对等各个领域，开展低碳计量理论和碳排放计量工作技术研究，推行碳排放计量技术示范，在低碳计量领域做出了有益的探索。

1. 低碳理论和方法研究成果丰硕。完成《低碳计量理论研究报告》《重点行业（电力）碳排放计量评价细则》，为碳排放测量、核查技术、数据分析等方面提供了理论及技术支撑。同时持续推动扩大试点范围，以点带面，通过采集平台，将碳排放数据采集工作规范化、制度化。开展重点企业碳排放计量监管平台试点，提升了以烟气分析仪为主的低碳类计量仪表量值溯源能力，建立了集碳计量数据的采集、监测和管理于一体的在线展示平台。在重点碳排放企业技术服务方面，组织对镇江仁德新能源科技有限公司等15家重点碳排放企业开展单位产品能源消耗限额对标；组织对江苏鹤林水泥有限公司等重点碳排放单位的200余台主要用能设备进行能效测试；联合江苏科技大学相关专家，对镇江苏惠乳胶制品有限公司、镇江仁德新能源科技有限公司等企业的节能技改项目进行节能量评估。

2. 坚持不懈探索低碳计量新路径。组织起草《天然气碳排放计量技术规范》，为中国碳排放权交易市场中关于天然气的碳排放量监测与核算提供了重要技术支持；编撰《重点排放单位温室气体排放计量器具评价导则》，填补了温室气体排放计量器具配备与管理规范要求的空白，为电力和水泥行业开展温室气体排放核算提供了计量数据支撑。

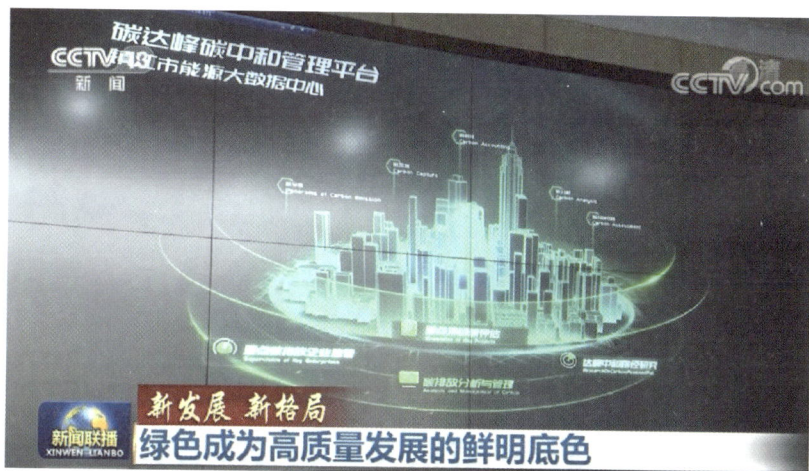

·镇江市碳达峰碳中和管理平台被央视《新闻联播》作为绿色高质量发展典型案例报道

案例 7-3　重点企业碳排放量计量监管示范平台

镇江依托中国计量科学研究院镇江低碳计量技术示范基地，构建重点企业碳排放量计量数据采集管理示范平台，提升低碳类计量仪表量值溯源和固定污染源烟气碳排放量测量能力。该平台具有 4 个方面的创新点：一是系统解决了低碳类计量仪表、烟气连续在线监测系统（CEMS）溯源校准的问题，从源头上保证仪表 / 系统的计量性能，提高碳排放量计量数据的准确性；二是实现从企业前端采集到碳排放计量分析终端，包含数据采集、监测、分析、管理，实现碳排放计量数据的可溯源、可报告、可核查和可管理；三是不仅可以依据采集到的能源消耗数据计算出温室气体排放量，还可以直接采集到排放烟气中的温室气体排放数据，通过数据比较，提出与实际化石能源使用现状相匹配的碳排放因子建议值；四是开展碳排放量计量技术、环保监测技术、节能技术的综合研究与应用，推动低碳计量与生态环保、能源结构改善的深度融合，促进高耗能企业发展和节能减排。

目前，烟气分析仪、大气采样器已通过建标考核；对光大环保能源（镇江）有限公司进行 CEMS 现场校准实验，编写了固定污染源烟气排放连续监测系统现场校准方案；已选取试点企业开展碳排放量计量数据采集工作。

三、扩大对外交流，全面加强低碳合作

镇江积极开展对外务实合作，不断扩大低碳发展"朋友圈"，深入宣传习近平生态文明思想和绿色低碳发展理念，全方位展示全市推进绿色低碳转型和高质量发展的坚定决心和扎实行动，为建设清洁美丽中国、美丽世界贡献了"镇江智慧"。

（一）打造低碳大会特色品牌

国际低碳（镇江）大会作为低碳发展的先行探索，不仅有力促进了生态文明建设和发展方式的转变，而且成为提升城市影响力、扩大对外开放水平的重要载体。镇江先后走上国际舞台，向世界介绍低碳城市建设的实践和经验，展示中国城市应对气候变化的探索和贡献。2016年，为展示低碳城市建设成效，以生动实践回应习近平总书记视察镇江时的殷切寄语，市委市政府组织召开了第一届国际低碳大会。大会至今已成功举办五届，会议举办期间，国家、省、市有关方面围绕低碳发展发布了多项成果，开展了绿色低碳产业、科技、能源、金融等全方位项目合作，有力地推动了低碳城市试点向纵深发展，获得国家发改委、生态环境部、联合国开发计划署"点赞"，"低碳镇江"城市品牌影响力持续扩大。值得一提的是，大会入选《气候变化国家评估报告地方典型案例》，在联合国气候变化大会、中美气候领导峰会、中日韩友好城市交流大会等国际活动中被国家有关部委作为中国低碳活动品牌推介。

·中国气候变化事务特使解振华在第五届国际低碳（镇江）大会上视频致辞

一、坚持系统办会，践行新理念。坚持高点定位，系统谋划，把办好低碳大会作为回应习近平总书记视察镇江时"为全国生态文明建设作出更大贡献"的殷切寄语的生动实践，作为发展低碳新经济、培育发展新动能的创新举措。基于低碳城市建设的重点领域，把低碳产业、低碳技术、低碳管理、低碳生活的前沿理论和具体实践融入大会，使得大会"上接天线，下接地气"，增强了吸引力和生命力，充分展示了中国地方政府在扎实行动的良好形象，增强了我国在全球环境治理体系中的话语权和影响力。生态环境部、联合国开发计划署官微均刊文"点赞"镇江，评价镇江"积极开展低碳试点，推动制度、路径和技术创新，以'镇江实践'丰富了全球气候治理'中国方案'"。

二、坚持开门办会，探索新模式。大会运用信息化、智慧化手段，最大限度使用绿色、可回收材料布置会场，尽可能减少使用纸质会议材料和一次性产品，并实施"碳中和"，使得办会过程更加"低碳化"。同时，积极探索"部市合作、中外结合、市区联动，政府主导、市场主体、以我为主"的办会模式。大会得到了国家发改委、生态环境部、科技部、国务院发展研究中心、国家市场监督管理总局等国家部委的大力支持，引进了中国国际经济交流中心、国家应对气候变化战略研究和国际合作中心、中国科学院、中国工程院、中国社会科学院、中国质量认证中心、中国计量科学研究院、中国节能协会节能服务产业委员会等国家智库，联合国开发计划署、联合国气候变化框架公约组织、C40 城市气候领导联盟等国际组织，以及 ABB、美国通用、华为、中船重工、上海电气、北汽新能源、孚能科技等国内外著名企业，共同参与大会的策划实施。江苏省委、省政府对低碳大会的召开也给予关心和指导。时任江苏省委书记李强，时任江苏省省长石泰峰，时任江苏省委副书记、常务副省长黄莉新，时任江苏省委常委、常务副省长樊金龙，副省长储永宏等领导同志莅临会议致辞、观展，并给予高度评价和充分肯定。江苏省发改委、生态环境厅共同作为大会联合主办方。

三、坚持务实办会，取得新实效。国际低碳（镇江）大会顺应新形势，不仅关注应对气候变化和低碳发展，还关注经济转型与城市治理；不仅关注技术创新与产业发展，还关注开放合作与民生福祉，为城市转型发展提供智力支持。在内容上，既有宏观理念探究，也有微观行动交流；既有国内政策解读，也有国际经验交流；既有城市热点研讨，也有区域合作交流。在形式上，突出大会与主题展览结合、大会与特色活动结合、大会与产业招商结合。五届大会以来，镇江以大会为载体，签约合作项目 100 余个，ABB、塞莱默、中建科技、盐穴储能、抽水蓄能等一批国内外知名企业绿色低碳项目先后落户镇江。国家应对气候变化战略研究和国际合作中心连续在大会上发布低碳发展"镇江指数"，国家市场监督管理总局、江苏省质量技术监督局与镇江联合发布了江苏省地方标准《低碳城市评价指标体系》，提供了开展城市低碳发展评价的标尺。原国家质检总局在镇江设立全国首个"低碳计量试点"，中国计量科学研究院在镇江设立"中国计量科学研究院镇江低碳计量技术示范基地"。镇江分别与联合国开发计划署、国务院发展研究中心资源与环境政策研究所、中国社会科学院生态文明研究所、中国技术交易所、C40城市气候领导联盟签订了应对气候变化和绿色低碳发展领域战略合作协议。镇江还发布了《长江大保护（镇江）造林绿化建设方案》和《世业洲健康岛建设规划》，发布"镇江倡议——春风又绿江南岸·保护长江母亲河"低碳众筹活动……用中国气候变化事务特别代表解振华的话讲，大会已成为交流绿色低碳发展最佳实践、合作推进全球生态文明建设的重要平台。

四、坚持全民办会，倡导新方式。镇江不断提高吸引力，增强大众获得感，努力将大会打造成学术探讨、思想碰撞、技术交流、产业对接、共建共享的综合性平台。低碳大会期间，举办各类活动超过50余场次，超过10万人次参与大会。一是开展低碳进校园、小小记者专访等活动，引导少年儿童从小树立环保理念和低碳意识。2021年大会期间，邀请中国社会科学院生态文明研究所陈迎研究员开展了"理解双碳目标 践行低碳生活"青少年低碳公益科普讲座。二是开展低碳进企业活动，着力提升重点碳排放企业用能和碳资产管理知识及技能。三是开展"低碳文化进社区""低碳镇江家庭同行"等系列主题活动，倡导广大市民践行低碳生活方式，从点滴做起，从细节入手，共建低碳绿色的美丽家园，进一步推动形成全社会支持低碳建设、共推低碳发展、共享低碳成果的生动局面。

镇江将在认真总结五届国际低碳大会经验的基础上，坚持全方位展现我国应对气候变化的最新成果，更好地发挥促进低碳领域技术交流、深化低碳领域国际合作等方面的平台作用，努力实现大会规模与质量"双提升"、内涵与影响"双拓展"、服务与实效"双优化"，加快向一流低碳大会目标迈进。

· 第五届国际低碳（镇江）大会暨碳达峰碳中和 2021 金山峰会

（二）打响低碳城市地方名片

面向海内外，大力宣传镇江绿色发展的故事，分享生态文明、绿色发展理念与实践经验。先后与国家气候中心、中国国际经济交流中心、国务院发展研究中心资源与环境政策研究所、中国社会科学院生态文明研究所、中国技术交易所等国家级机构开展合作，与联合国开发计划署、美国能源基金会等一批国际组织签订合作协议。先后应邀出席第一届、第二届中美气候领导峰会，联合国第 21 届巴黎、第 23 届波恩、第 24 届卡托维兹气候变化大会，举办"城市主题日·镇江"边会。2018 年 9 月应邀参加"中欧绿色和智慧城市峰会"，荣获中欧绿色和智慧城市（低碳智慧城市）先行奖。

四、推广绿色金融，赋能低碳持续发展

绿色金融主要指为促进环境改善、应对气候变化和资源节约高效利用的经济活动提供金融服务，是促进绿色低碳发展的催化剂和加速器。推动绿色金融健康发展，对于促进绿色经济发展、切实地把绿水青山转化为金山银山有积极意义。镇江大力发展绿色金融，构建绿色金融标准体系，创新金融工具和服务手段，充分动员各类社会资本投入绿色金融市场，助力实现绿色低碳发展。

（一）大力开展绿色信贷支持

绿色信贷作为我国绿色金融发展中起步最早、发展最快、政策体系最为成熟的产品，不断促进可持续发展，推动产业结构升级，促进经济良性循环。镇江积极推广新能源贷款、能效贷款、合同能源管理收益权质押贷款、排污权质押贷款等能源信贷品种，创新绿色供应链、绿色园区、绿色生产、绿色建筑、个人绿色消

费等绿色信贷品种，大力推广"环保贷""节水贷"等绿色金融产品。同时，强化企业获环责险贴息保障，率先制定首批绿岛试点项目环保贷贴息政策，率先打造"服务型"环责险品牌，"金环"合作绿色金融"镇江经验"入选江苏省生态环境厅十佳创新案例。2018 年，全市绿色贷款余额 145.8 亿元，2019—2022 年，绿色贷款余额分别为 227.2 亿元、346.2 亿元、550.9 亿元和 834.6 亿元。2022 年，全市绿色贷款余额与有统计以来的 2018 年相比，增长了 4.7 倍，绿色贷款增速迅猛。

（二）促进绿色金融实践创新

在绿色金融的实践中，积极组织开展绿色金融奖补资金申报工作，通过绿色债券贴息、绿色产业企业发行上市奖励、环境污染责任保险保费补贴、绿色担保奖补等方式，促进绿色金融体系快速发展。印发《镇江市"金山绿金"计划 2022 年度行动方案》和《镇江市绿色金融"白名单"工作方案》，通过"名单制"管理模式，精准支持绿色金融等企业授信，稳步加大绿色信贷支持力度。同时，创新运用"政策工具 + 金融产品"，推动首笔排污权抵押贷款落地，中国农业银行润州支行以排污权抵押组合贷款的形式发放贷款。2022 年，利用碳减排支持工具推动辖内金融机构对 5 个项目发放碳减排贷款 6.3 亿元，直接减排二氧化碳 3.3 万吨；同年，推动"镇绿通"绿色再贴现业务，通过"苏碳融"支持江苏磁谷科技股份有限公司 300 万元。

· 召开镇江市政银企对接工作会议

· 第三批金融支持重大项目、绿色金融和普惠金融"白名单"发布会

案例 7-5　江苏银行镇江分行给予绿色金融支持

江苏银行作为江苏省最大的地方法人银行，积极引入国际先进理念，加快自身绿色金融发展，2017 年采纳赤道原则，成为城商行首家、国内第二家赤道银行；2021 年 4 月，在业内率先发布金融服务"碳中和"行动方案，宣布采纳联合国《负责任银行原则》，成为国内唯一一家同时采纳"赤道原则"和"负责任银行原则"双国际标准的城商行。通过引入财政低息资金和风险分担机制，在国内首创"绿色创新组合贷""环保贷""节水贷"等特色化政银合作产品，打造具有领先优势的特色化产品体系。"十四五"期间，将为气候融资安排专项资金，支持额度 2000 亿元，推动实现碳减排超 1000 万吨。

江苏银行镇江分行按照总行部署，提升绿色金融综合服务能力，全面推进和拓展绿色金融业务，将绿色金融作为特色品种，积极对接再贷款、再贴现等货币政策工具，推出"苏碳融""绿票 e 贴"等产品，在镇江落地了全国首笔"绿色创新组合贷"、江苏省内首笔"节水贷"，以及长山生态环境修复项目、扬中光伏电站并购项目等一批典型的绿色项目，助力地方低碳绿色发展。根据镇江"双碳"工作进展情况，江苏银行将继续从授信方案、产品设计、利率优惠等方面，发挥在绿色金融业内的领先优势，提供"绿色 +"系列融资解决方案，为镇江碳达峰碳中和贡献力量。

·第五届国际低碳（镇江）大会期间组织开展绿色金融高端研讨会

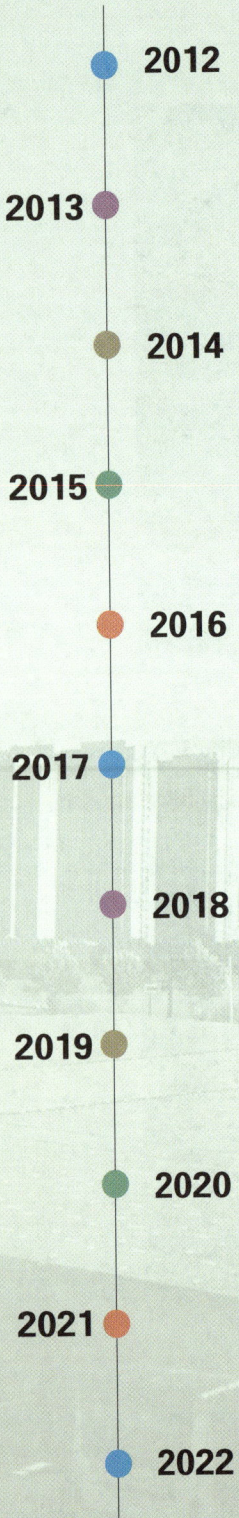

2012

2013

2014

2015

2016

2017

2018

2019

2020

2021

2022

08

第八章

倡导低碳生活，全民广泛共建共享

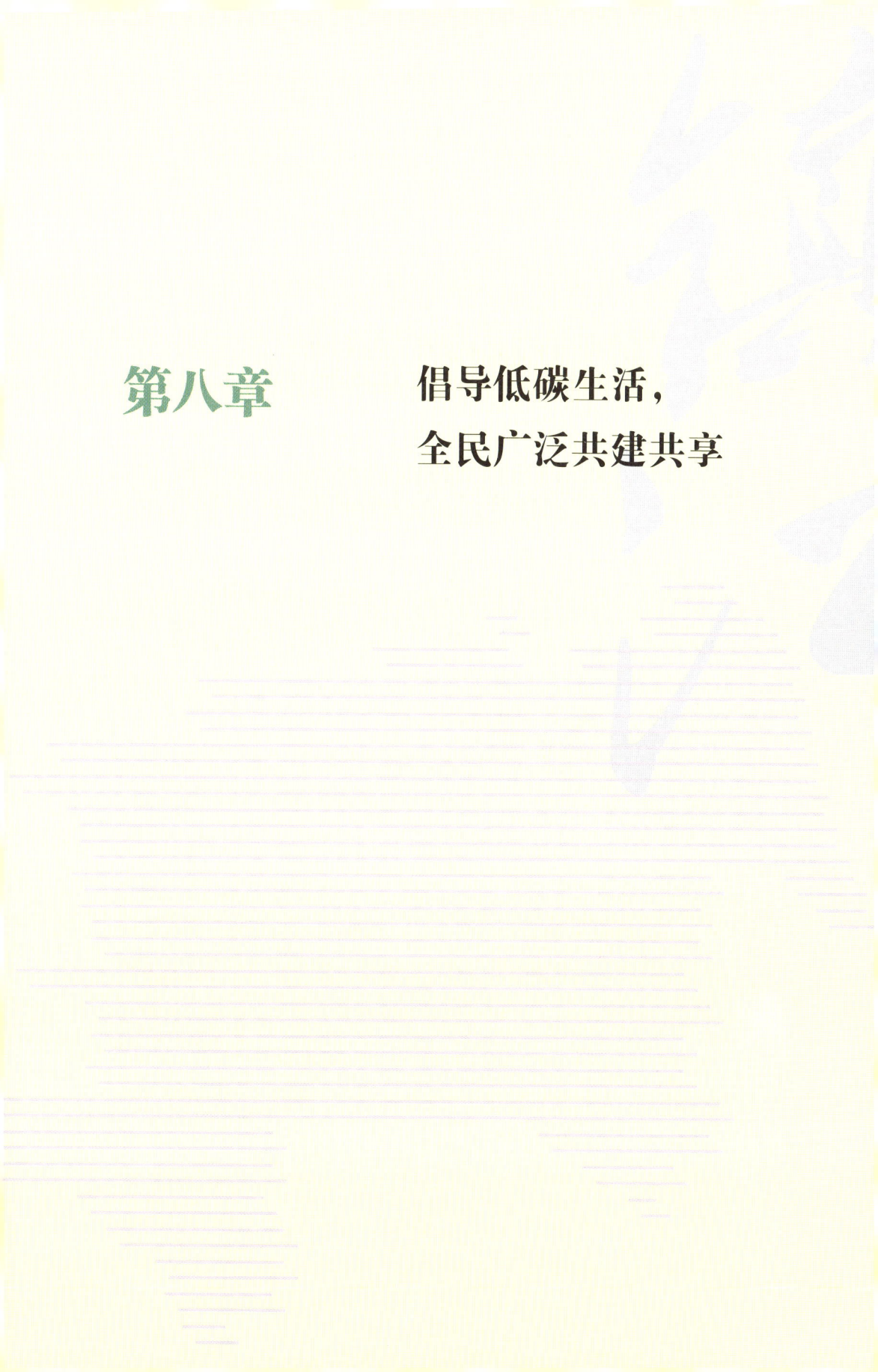

积力所举无不胜，众志所为无不成。低碳城市建设离不开全民共同参与，镇江在全社会积极宣传倡导简约适度、绿色低碳的生活方式，大力推行绿色消费，在重点领域开展绿色生活创建行动，引导全社会形成文明健康的生活风尚。

一、广泛开展绿色生活创建行动

开展绿色生活创建行动是党的十九大部署的重大任务。根据国家发展改革委《绿色生活创建行动总体方案》要求，镇江结合实际，制定《镇江市绿色生活创建行动实施方案》，通过开展节约型绿色机关、绿色学校、绿色家庭、绿色社区、绿色商场等创建行动，广泛宣传推广简约适度、绿色低碳、文明健康的生活理念和生活方式，促进绿色发展，生态文明理念更加深入人心。

（一）创建节约型绿色机关

创建节约型绿色机关是深入贯彻落实习近平总书记"党和政府带头过紧日子"要求，继承和发扬勤俭节约优良传统的具体体现。镇江围绕绿色低碳发展主题，坚持守正创新、问题导向、系统观念，全面加强能源、水、粮食、土地等各类资源的节约集约利用，协同推进降碳、节能、减污、扩绿，推动各级公共机构绿色低碳转型；建立健全与《镇江市公共机构节能管理办法》相匹配的各项管理制度，并研究制定系统内相关标准；利用大数据、云计算等互联网技术，推进公共机构合同能源管理"一张网"建设；强化能耗、水耗等目标管理，鼓励通过合同能源管理、合同节水管理等方式推动绿色化改造。

目前，全市公共机构累计完成公共竞购既有建设节能改造项目23个，总面积101.6平方米。推进实施合同能源管理项目26个，

· 镇江经开区人民法院裙楼屋顶安装的太阳能光伏发电

合同节水项目 4 个，报送国家级、省级示范案例 4 个，建成大型太阳能光伏项目 17 个。2022 年，全市公共机构单位建筑面积能耗 5.6 千克标准煤，人均综合能耗 97.5 千克标准煤，人均水资源消耗 17.2 吨，单位建筑面积碳排放量为 27.8 千克，所有指标均为全省最低。创成国家节约型机关 425 个、国家节约型公共机构 4 个、国家级能效领跑者 1 个、省级节能示范单位 60 个、省级节水型单位 65 个，节约型机关创成率 91.4%，在全市公共机构中发挥了较强的示范引领作用。

案例 8-1 实施合同能源管理，推进机关节能降碳

党政机关带头节约资源，不仅对控制和降低资源消费有着直接的现实意义，而且对引导和推进全社会节约资源起到积极的示范效应和导向作用。2018 年，市政府、市机关事务管理局和国网江苏省电力有限公司三方共同签署战略合作协议，以"1+7"（镇江市行政中心和 7 个辖市区行政中心）项目为牵引，迈开了推进公共机构合同能源管理的步伐，成功启动了一批公共机构能源费用托管项目。2019—2022 年，先期对镇江市行政中心和丹阳市、句容市、扬中市行政中心，以及丹北镇政府实施了节能改造，5 个项目运行良好。丹徒区政府项目正在组织专家评审，京口区、润州区、镇江经开区项目也在推进中。

项目运营至今，实现用能量大幅下降，促进了用能集中统一管理，产生了较好的社会影响。2022 年 6 月，入选国家机关事务管理局"公共机构节能降碳云展播"案例。2022 年底，镇江市行政中心"基于大数据分析的楼宇能源管理技术"被国家机关事务管理局和中国节能协会评为公共机构绿色低碳技术。市党政机关积极带头节约资源，持续加强自身建设、降低运行成本，为公共机构节能提供了良好的范本。

（二）创建传承型绿色学校

"绿色学校"是我国"科教兴国"和"可持续发展"基本战略有机融合的产物，是新时代学校绿色教育的新阵地。为推动创建绿色学校工作，镇江市率先制定《低碳学校建设指南》（DB3211/T 1023—2021），全面实施绿色节能低碳校园建设和改造，推进校园建筑节能、新能源利用、非常规水资源利用、可回收垃圾利用、材料节约与再利用等工作。同时，根据不同年龄段学生的认知水平和成长规律，鼓励学校因材施教，开展生态文明教育，将生态文明教育融入课程设置、社会实践、主题教育等校园活动环节，精心组织开展低碳宣传活动，培育绿色低碳校园文化。各创建学校围绕生态文明教育、绿色低碳转型、文明健康生活、绿色创新发展等主要指标内容，将绿色学校创建工作融入教育教学和师生生活全过程。截至2022年底，已创成198所省级绿色学校，占全市中小学校总数的86.8%。

·镇江市外国语学校楼顶的绿化具备隔热、防涝功能

案例 8-2 建设绿色校园，低碳从娃娃抓起

2021 年，基于镇江市生态文明建设和低碳城市建设的先进实践经验，在世界自然基金会的支持下，镇江市正式发布市级地方标准《低碳学校建设指南》（DB3211/T 1023—2021），这既是全市低碳城市建设的重要实践和成果，也是全省首个低碳学校建设的标准。

该《指南》以较低的创建门槛与较高的理想目标值相统一，对于改扩建的学校只要实现能效提升，减少能源消耗量就可以认定为低碳学校；对于新建学校则提出了实现超低能耗的高要求，促进学校建筑逐步实现近零能耗，甚至零能耗。遵循国家有关标准，从建筑要求、能源与资源投入、照明系统、运营与管理、低碳教育与推广、监督管理与持续改进六个方面列出要求，侧重建设项目全生命周期的碳减排，结合学校建筑功能需求，拟订相应的建设规范。

以低碳学校为契机，充分发挥低碳学校的示范作用，教育部门各相关学校，在坚持长效管理的基础上，从孩子抓起，深入开展低碳宣传与教育渗透，从小培养孩子增强绿色发展意识，养成绿色低碳的生活习惯，营造全市低碳生活氛围。

（三）创建和睦型绿色家庭

绿色家庭作为绿色生活的主要载体，通过绿色消费、绿色出行等方式节约资源，体现了因地制宜、以小见大、群众参与、榜样带动的特点。镇江市以广大城乡家庭为创建对象，大力宣传资源环境方面的基本国情、科普知识和法规政策，提升家庭成员生态文明意识；鼓励家庭主动践行绿色生活方式，节约用水用电，不浪费粮食，减少使用一次性塑料制品，实行生活垃圾减量分类，减少家庭能源资源消耗，鼓励家庭绿色消费，优先购买使用节能电器、节水器具等绿色产品，鼓励家庭绿色出行，尽量采用公共交通方式出行；组织"绿满家园""绿色生活、最美家庭、美丽家园"等创建活动，联合社会组织、教育机构等单位，招募千名志愿者，呼吁万户家庭共同参与，采用丰富的活动形式，鼓励家庭成员间相互带动、相互监督，让家庭成员从生活小事各方面践行低碳环保生活，让环保教育和环保行动常态化；发挥优秀家庭辐射带动作用，帮助更多人树立家庭绿色发展理念，以开展家庭美化绿化、宣传节能环保知识、践行简约生活方式等特色鲜明的活动，将"绿色低碳"家庭纳入全市"最美家庭"寻访类别。目前，全市有140户家庭获评市"最美家庭"，5户家庭入围江苏省"绿色家庭"。

案例 8-3　倡导低碳生活方式，激励家庭绿色出行

让绿色走进家庭，开展家庭环保活动，享受现代绿色生活，是每个家庭应承担的责任，也是保护环境、维护生态平衡，全面建设生态文明的小康社会的重要一环。为营造群众共同参与生态文明建设、改善交通运输环境、持续推动绿色发展的良好氛围，镇江市注重绿色家庭建设，倡导人人都做生态文明行动者，提倡公共交通出行、低碳环保生活。

十年来，全市组织开展了"绿色出行月""公交出行周""世界无车日""节能宣传周""低碳体验日"等活动，提高民众绿色出行认知，引导家庭积极参与，带动家人主动加入绿色出行行动，着力营造文明交通浓厚氛围。与家庭息息相关的绿色出行方式，日益受到追捧，主城区实现了新能源公交、共享单车和有桩共享助力单车三种方式相结合的市民低碳出行模式。绿色出行成为家庭出行的首选，减碳量也不断增加。2022 年，哈啰单车全年减碳量达 1340吨；"永安行"全年减碳量更是高达 1600 吨。不积跬步，无以至千里，这是成千上万镇江市民积极参与、不懈坚持低碳出行汇聚出来的潮流与风尚，他们为镇江的绿色发展贡献了重要力量。

·大力倡导绿色低碳出行

· 大力倡导绿色低碳出行

（四）创建参与型绿色社区

绿色社区是环保公众参与机制的基层、基点和基础，把环境管理纳入社区管理，建立社区层面的公众参与机制，能持续提升城市社区人居环境建设和治理水平。"十三五"以来，镇江因地制宜开展人居环境建设和整治，创新性地将老旧小区改造、积水街区整治、市政基础设施提升、雨污分流、既有建筑节能改造、绿色建筑示范和城市更新等工作，同"绿色社区"创建相结合，有序推进节能节水、绿化环卫、垃圾分类、停车及充电设施优化管理、设施维护，通过整合各专项工作的人力、资金和部门的推动力，解决单独创建"绿色社区"过程中的问题，社区环境面貌得到较大改善，社区文化氛围增强，居民环保意识逐步提高。

同时，积极建立健全社区人居环境建设和整治制度，搭建沟通议事平台，开展多种形式的基层协商。凡老旧小区改造工程，均明确规划设计团队，实行设计师负责制。采取设计师蹲点守望的方式，观察群众生活习惯、出行方式，并举行"设计师进社区，与居民面对面"活动。对群众意见不一致的整治内容，临时党支部深入社区了解群众需求，并及时召开群众大会，先进行观点辩论演讲，再进行投票表决，充分按照群众需求实施精准改造。通过诚意沟通、耐心劝解，引导居民从"要我改"变为"我要改"，有效加快绿色社区的建设进程。

　　低碳社区是绿色生活的重要依托，镇江市京口区以正东路街道京口路社区为试点，与镇江市绿色三山环境公益服务中心合作，积极开展低碳社区建设。

　　一是在社区活动中融入低碳理念。设置低碳教育专用教室，设立社区低碳课堂，定期开展低碳教育、低碳知识竞赛、环保手工坊、"双十一"快递包装重复用等主题活动，参加居民 2500 人次。聘请专家、老师联合开发小学生低碳课程 2 套（中、低年级版）。通过学习低碳知识、现场授课技巧、志愿者精神等课程，培训江苏大学教师教育学院大学生志愿者（绿芽讲师）200 名。走进京口路社区内的镇江市恒顺实验小学开展低碳教育集体活动，累计培训小学生 20 个班 800 余人。开展食品银行项目，联合辖区内的欧尚、大润发、瑞祥商务等众多食品销售企业，将临期食品捐赠给社区困难群众，减轻困难群众的生活负担，减少食品浪费造成的碳排放。

　　二是在社区环境建设中践行低碳理念。把恒泰新村小区作为低碳社区建设试点，社区人员、志愿者与居民齐动手，改造脏、乱、差的绿化带，采用废旧轮胎、再生石子、竹子等居民回收材料，打造绿色低碳小公园。举办低碳个人、低碳家庭大比拼活动，以节电、节水、节能材料等为评比条件进行评选，选出低碳优秀个人 5 人、低碳优秀家庭 3 户。

　　三是在社区宣传中学习低碳理念。设立低碳图书角，定期开展低碳读书会，分享环保故事。鼓励社区居民将家中不看的图书捐赠出来，实现社区共享，开展以"生态文明20条"为题材的快板、演唱等文艺活动，让低碳理念深入人心。

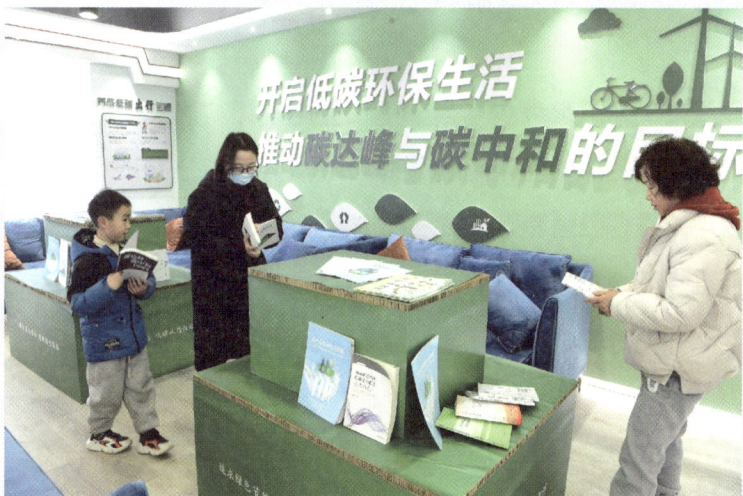

·全市首家社区低碳生活中心精彩亮相

（五）创建智能型绿色商场

绿色商场是将绿色技术、绿色产品销售和废弃物回收等环保措施融入商贸零售企业经营模式的概念，旨在实践绿色低碳生活，并促进社会绿色普及化，在推动节能降耗减碳、促进绿色发展方面发挥着示范和标杆作用。根据商务部办公厅、国家发改委办公厅发布的《绿色商场创建实施工作方案（2020—2022年度）》，以绿色商场创建为突破口，引导零售企业树立绿色发展理念，提升效能，履行社会责任。通过绿色商场倡导绿色消费、低碳消费、循环消费，在做好节能降耗、挖潜增收的同时，带动上游生产商生产绿色环保产品，培养消费者树立绿色消费意识，督促入驻商户提供绿色商品和绿色服务。目前，全市共创成8家绿色商场（镇江万达广场、镇江苏宁广场、镇江八佰伴、镇江吾悦广场、大润发学府路店、丹阳八佰伴、扬中通达商厦、扬中中央商场），其中国家级绿色商场2家，省级绿色商场6家，数量位居全省前列。

二、深入推进重点环节绿色治理

城市生活垃圾处置不当，不仅会严重影响居民生活环境及身体健康，而且会对城市绿色发展产生阻碍。镇江高度重视生活垃圾治理工作，因地制宜、持续推进，把工作做细做实，持之以恒，狠抓重点环节治理，让良好的生态环境成为人民群众幸福生活的增长点和经济社会持续健康发展的支撑点。

（一）强化塑料污染全链条治理

随着人类活动的不断增加，塑料污染问题日益严重，同时"杜绝塑料污染'白'，守护低碳城市'绿'"的意识，越来越成为人们的共识。镇江市按照国家、省关于塑料污染治理的决策部署，积极推进塑料污染治理工作，在相关领域提出明确的"限塑"计划，把加强塑料污染治理作为推动全市绿色发展的重要抓手，层层压实责任，狠抓推进落实，引导公众减少使用一次性塑料制品，不断增强企业经营管理者和广大市民的"限塑"意识，共同树立绿色增长、共建共享理念，使绿色生活成为全社会的自觉行动。严格执行禁止类项目准入制，对不符合国家产业政策和纳入国家、省、市禁塑范围的塑料制品制造类建设项目，实行"一票否决"，确保从源头上堵住禁塑产品的生产。建立健全邮政快递业塑料制品使用、回收处置等管理制度，督促全市邮政快递网点不再使用不可降解的塑料包装袋、一次性塑料编织袋。截至 2022 年底，全市不可降解的塑料胶带使用率比 2021 年降低 20%。

（二）推行生活垃圾精准化分类

生活垃圾关系千家万户，无论是从资源化利用角度看，还是从引导人们形成绿色发展方式和生活方式出发，实施垃圾分类都大有裨益。从 2017 年开始，在参考生活垃圾分类治理试点城市先进经验的基础上，镇江市强化垃圾分类工作的顶层设计，建立起市区城乡生活垃圾分类投放、分类收集、分类运输、分类处理体系；将生活垃圾分类作为加强基层治理的重要内容，编制《镇江市生活垃圾分类管理办法》，明确实施"可回收垃圾、厨余垃圾、有害垃圾、其他垃圾""四分类"法，并加大力度普及分类知识，规范垃圾分类投放方式，进一步健全分类收集转运措施，推动垃圾分类成为居民自觉行动。同时，建成"镇江市生活垃圾分类监管信息系统"，通过大数据分析，实时反映各地工作进展与成效，为推进垃圾分类提供科学客观的数据支撑。

目前，全市公共机构基本实现垃圾分类全覆盖。建成垃圾

·垃圾分类投放区

· 镇江市生活垃圾分类监管信息系统

分类投放设施覆盖居民小区 1085 个，占全市居民小区总数的
99%。建成"四分类"小区 115 个、省级垃圾分类达标小区 310
个。在中游，按照"不同人员、不同车辆、不同要求、不同去
向"的收运机制，购置、更新分类运输车 1292 辆；在末端，大
力推进生活垃圾无害化处置终端项目建设，建成镇江光大、丹阳
光大和句容绿色动力 3 座生活垃圾焚烧发电厂，日处理能力 3150
吨，在全省率先实现生活垃圾全量焚烧、日产日清，生活垃圾无
害化处理率达到 100%。累计建成垃圾分类示范乡镇 19 个，其中
省级 7 个；32 个乡镇实施垃圾分类设施覆盖，占全市乡镇总数的
78%。

2012

2013

2014

2015

2016

2017

2018

2019

2020

2021

2022

09

第九章

畅想生态文明，缔造低碳美丽未来

站在"十四五"，展望新征程，镇江在回顾总结十年兴绿经验的基础上，对未来的绿色低碳发展进行了战略规划：到2025年，绿色镇江的生产、生活、生态空间布局进一步优化，生态系统稳定性和服务功能显著增强；生态环境质量进一步提升，空气清新、水体洁净、土壤安全、生态良好、人居整洁基本实现；初步探索形成"两山"转化特色路径，产业绿色化、集聚化、规模化发展，生态经济活力和水平不断提升；碳排放强度进一步下降；居民广泛形成绿色生产生活方式，生态环境治理体系和治理能力现代化水平逐步提高，群众的幸福感、安全感、获得感显著增强。

到2035年，美丽镇江的生态环境质量逐步达到先进国家标准，能源资源利用效率达到国际一流水平，低碳发展层次进一步提升，碳排放总量达峰后持续下降；绿色生产生活方式全面形成，绿色产业体系和技术体系更趋完善，生态环境治理体系和治理能力实现现代化，"天蓝、地绿、水清、土净、居美、人和"的美丽镇江全面建成；生态更优、环境更美、活力更强、体制更全的"创新创业福地、山水花园名城"跃然眼前，在美丽中国建设中形成示范。致力于打造高品质美丽宜居城市、"双碳"创新试点城市、"两山"实践探索城市和绿色治理示范城市。

一、打造精致山水花园城市

以生态空间格局优化和功能提升、环境污染治理与质量改善为重点，以环境健康和环境安全为导向，全面提高能源、土地、水等重要资源利用效率和综合利用水平；全面加强生态保护与修复，推进环境污染综合防治，维护山青、水碧、天蓝、地绿的优越生态环境。在推动可持续发展、实现人与自然和谐共生、加快实现现代化的美丽目标方面走在前列，以更优美的环境为镇江创造高质量生活提供支撑。

（一）高起点打造北部滨江城市绿肾

优化保护世业洲、江心洲、征润州、焦北滩等城市北部滨水区长江生态湿地资源，充分发挥湿地生态涵养的绿肾功能。以湿地合理利用为宗旨，高水平规划建设滨江原生态休憩地，全力打造以生态保育、防洪蓄洪、科普教育为主，兼具部分旅游休闲、文艺创作、亲子体验功能的城市生态湿地公园。培育提升世业洲健康岛、江心洲生态岛等生态长江品牌，加大江岛原始风貌保护力度，积极发展高效农业、田园养生、文化旅游、乡村体验等生态产业。有机串联三山风景名胜区、西津渡、铁瓮城等文脉节点，深度挖掘佛教、三国、渡口、书法等文化资源，加强景观提升和配套设施建设，高品质发展旅游观光、文化创意产业，推进北部滨水区山水生态和历史文化深度融合。

（二）高品质构筑南山城市中央绿肺

充分发挥南山城市氧吧的绿肺聚核作用，推进景区形象提升、城市空间拓展和高端功能集聚，打造集生态休闲、枢纽经济、创新创业、高端服务等于一体的环南山综合功能带。重点推动官塘创新社区建设，围绕"总部经济集聚区、产城融合示范区、山水花园名城样板区"定位目标，全力打造智创宜居园境、融合发展绿谷，构建集低碳、科技、智慧、活力于一体的未来城市样板。推进镇江高新区、高校园区、官塘创新社区联动发展，推动各类创新要素向 G312 国道创新走廊集聚，打造沿沪宁产业创新带的重要支撑和镇江高质量发展的新增长极。将老城区、南徐片区、丹徒新城和官塘创新社区连为一体，推动丁卯科技新城、丹徒高新技术产业园升级发展，稳步推进丹阳练湖新城建设，形成镇丹一体化发展的空间支撑。

· 苏南运河镇江段成为京杭大运河上的一条生态廊道

（三）高水平建设京杭运河生态绿廊

以文化遗产保护传承为灵魂，以河道水系治理管护为支撑，以生态环境保护修复为保障，以文化和旅游融合发展为关键，推进大运河镇江段文化保护传承利用，打造璀璨文化带、绿色生态带、缤纷旅游带。彰显"江河交汇"特色，建设贯穿运河全线的滨河绿道系统，还原运河沿线遗址节点历史性、真实性，推进桥、闸、码头等遗迹重新活化利用，打造遗址遗迹游、非遗体验游、美食文化游等产品形式叠加，游船观光、夜景欣赏、绿道漫步、生态康养相结合的大众化、多层次、多样化运河旅游产品谱系。重点建设西津渡—新河街、谏壁枢纽、丹阳城区三大"核心展示园"，"京口闸—丁卯桥—丹徒闸"和"练湖—陵口—吕城"两段"集中展示段"，推进梦溪园、季子庙等一系列特色展示点建设。加强与大运河沿线地区交流合作，抓好文化保护志愿服务工作，共同推进大运河文化高地和大运河国家文化公园建设。

（四）高标准深化海绵节水城市建设

以海绵城市建设为引领，推动城市发展理念和建设方式转型，提升城市适应气候变化和应对自然灾害的能力。推广镇江海绵城市建设优秀试点经验，建立适应镇江地理特色的海绵城市技术标准体系，高标准深入推进海绵城市建设。以"海绵＋治黑＋治涝＋环境提升"为目标，推动道路、新老小区 LID 技术整治，加强老旧小区改造、河道整治和污水管网全覆盖工程。推进海绵型公园绿地、海绵型道路广场、海绵型小城镇等示范建设，提高"渗、滞、蓄、净、用、排"能力，到 2025 年，城市建成区 50% 以上的面积达到海绵城市建设目标要求。

二、建设"双碳"创新试点城市

充分发挥低碳发展的基础和优势，以全面形成绿色生产生活方式为核心，把实现减污降碳协同增效，作为促进经济社会发展全面绿色转型的总抓手，加快推动产业结构、能源结构、交通运输结构、建筑结构调整，建立健全绿色低碳循环发展经济体系，促进经济社会发展全面绿色转型。在加快实现碳达峰的前提下积极推进碳中和，探索经济发达地区低碳发展新模式、新路径。在降低碳排放强度、推进碳达峰碳中和方面争做示范，为经济社会转型升级提供支撑。

（一）推广循环型生产方式

健全绿色循环产业链，促进企业循环式生产、园区循环化发展、产业循环式组合，实现项目间、企业间和产业间首尾相连、环环相扣、物料闭路循环。协同南京都市圈、苏锡常都市圈等成员城市，探索共建资源循环利用基地，构建跨地区、跨行业的循环型产业体系。积极构建农业循环产业链，引导种植业、养殖业、农产品加工循环链接，形成跨企业、跨农户循环经济联合体。大力培育循环型服务业，以争创国家服务业综合改革试点为抓手，积极推进资源消耗、环境影响大的交通运输、餐饮住宿、物流快递、旅游观光、商业贸易等服务业循环化发展。

（二）构建可再生回收体系

以社区回收点为基础、分拣加工中心为依托、集散市场为中心，构建以综合利用和无害化处理为目的的点面结合、三位一体、覆盖城乡的再生资源回收利用网络体系。以电器电子产品、汽车产品、动力蓄电池、铅酸蓄电池、饮料纸基复合包装物、轮胎等为重点，推行生产者责任延伸制，引导生产企业建立逆向物流回收体系。加强工业固体废弃物的综合利用，进一步拓宽大宗固废综合利用渠道，扩大在生态修复、绿色建材、交通工程等领域的利用规模。以汽车、通讯工具、电线电缆、家电、铅酸电池、塑料、玻璃等废旧物资再生利用为重点，推动"城市矿产"开发。加快推进"两网"深度融合，实现再生资源回收利用体系与可回收物回收体系的有效衔接。深化循环经济试点示范，推广镇江经开区国家循环化改造试点经验，支持镇江经开区静脉产业园等资源综合利用园区发展，强化示范引领效应。选择全市具有优势、符合条件的地区、园区和企业，加快推进创建国家城市矿产示范基地、循环化改造产业园区、生态循环农业试点、资源循环利用基地、大宗固体废弃物综合利用基地、餐厨垃圾资源化利用和无害化处理等试点示范,支持企业申报绿色供应链管理示范企业。

(三)探索"无废"城市建设

推动源头减量化,支持研发、推广使用减少工业危险废物产生量和降低工业危险废物危害性的生产工艺和设备。推动收集、转运、贮存专业化,健全完善小微企业危险废物、医疗废物收集转运体系,基本补齐医疗废物、危险废物收集处理设施短板。有力有序有效治理塑料污染,实施覆盖生产、流通、使用、回收利用等多个环节的全链条管理。健全废铅蓄电池回收利用机制,探索生产者责任延伸制度。以生活垃圾分类收集、运输为基础,基本建成与再生资源利用相协调的回收体系和与垃圾分类相衔接的处置体系。完善危险废物环境管理信息化体系,实现对危险废物全过程跟踪管理。强化危险废物环境联合执法,严厉打击非法排放、倾倒、收集、贮存、转移、利用、处置危险废物等环境违法犯罪行为,特别是要从严控制区域外来危废转移处置,建立健全源头严防、过程严管、后果严惩的危险废物监管体系。开展"无废机关""无废社区""无废学校""无废企业"等建设活动,树立"无废"新风尚。

三、争创"两山"实践探索城市

以加快产业生态化和生态产业化为突破,打通技术创新、产品开发和市场需求全环节,加快生态产品开发和生态经济发展,全面提高产业结构绿色化、产业布局集约化、生产循环清洁化水平。积极引导适度消费、低碳消费、绿色消费行为,鼓励开展围绕生态产品的创新创业行为。在产业绿色化发展和转型升级、健康绿色生活培育方面奋力创新，争当表率，以高效益、生态化和践行"绿水青山就是金山银山"的理念为镇江推进高质量发展提供保障。

（一）拓展 EOD 发展新模式

EOD（Ecology-Oriented Development）模式的全称是生态环境导向的开发模式，它是实现生态修复、产业发展与生态产品价值三位一体的环境综合治理崭新模式。该模式强调以习近平生态文明思想为引领，以可持续发展为目标，以生态保护和环境治理为基础，以特色产业运营为支撑，以区域综合开发为载体，采取产业链延伸、联合经营、组合开发等方式，推动公益性较强、收益差的生态环境治理项目与收益较好的关联产业有效融合，统筹推进，一体化实施，将生态环境治理带来的经济价值内部化。镇江将拓展 EOD 模式，按照"矿地融合"理念，依托修复后的自然生态系统、地形地势、历史文化、矿业文化等，开发利用温泉康养、工业遗址遗存游、旅游度假地产等生态旅游经济产业，延伸发展生态农业、文化产业、生态科普体验、体育健身等产业，建设集旅游、养老、居住于一体的生态居住区。统筹利用矿山矿坑资源，发展抽水蓄能电站、太阳能光伏、风电等新能源产业，建设碳中和发展示范区。

（二）推进生态迈向新高度

以"健康+"理念为引领，以创建国家级旅游度假区为主线，开展世业洲近零碳岛和湿地公园等项目建设，推动"生态岛、田园岛、健康岛、旅游岛"四岛共建，并将其打造成长江沿线独具魅力的"生态健康岛"。统筹运用土地储备、生态修复、湿地建设、环境整治、综合开发等措施，建设形成江岛湿地、环岛森林带、

· 秋天的世业镇永茂圩一片丰收景象

生态农业、沿江绿道等丰富多样的优质生态产品供给区，促进生态产品品质提升和价值增长。积极发展生态型产业，重点发展生态农业和以生态体验、生态教育、生态科普等为主的生态旅游业，建设集休闲旅游、康养、居住于一体的康养度假区。加快完善交通、环境、市政等基础设施，加强与城区联动发展。以生态健康岛为核心，整合串联滨江山水景观，凸显"城市山林、江河交汇"形象，畅通产品价值转换通道，争创国家生态产品价值实现机制试点。

（三）打造康养旅游新业态

依托茅山生态、宗教、人文、区位等资源优势，推进"康养＋文旅"融合发展，加快茅山湖国家级旅游度假区和省级旅游风情小镇建设，拓展道教养生、禅修静养、生态养老等康养业态，打造区域性康养体验生态品牌，建设长三角山水人文养生度假旅游目的地的重要板块。活化利用现有红色文化资源，依托茅山新四军抗日根据地等文化资源，大力发展红色旅游，打造具有地标性的红色文化教育培训基地。以山、湖、农、林及文化资源为依托，创新多主体、市场化的生态产品价值实现机制，探索资源资本化道路，开发森林碳汇产品，发展生态基金、"两山银行"，规划建设特别生态功能区，实现森林生态、林业产业、林农生活协同提升。

（四）塑造能源管理新能力

深化国家级低碳城市计量试点建设，完善碳排放基础数据统计、核算、报告和核查体系，完善碳排放信息披露制度。强化碳排放源头管理，探索将碳排放评估纳入项目环评内容。优化提升镇江碳排放管理平台，打造碳达峰碳中和数字体系和数字地图，健全碳账户管理系统。以镇江能源数据中心为基础，建设一个平台（镇江市综合能源服务平台）、构建一个体系（全社会综合能效评价体系）、打造一批示范（综合能源服务示范），增强综合能源管理能力。提升企业碳资产管理能力，充分借助碳市场交易，降低碳减排成本。

四、勇做绿色治理示范城市

以深化改革和持续创新为动力，健全国土空间开发和保护体系，提高生态环境治理体系的治理能力和现代化水平，建立严格健全的资源节约、环境保护、生态建设责任机制，探索生态产品价值化实现途径，发挥技术创新在生态文明建设中的原动力作用。

· 金山湖风景区

在改革创新、推动高质量发展和健全生态文明制度上争当表率，以制度改革和绿色治理为镇江争得更大城市荣光。

（一）生态空间山清水秀

统筹山水林田湖草一体化保护和修复，优化构建"两廊两带三片"生态格局。依托长江、运河建设两条水生态走廊，加强水体、岸线保护和受损生态系统修复，持续推进沿线造林绿化，打造江河交汇最美岸线。加快构建宁镇山地和茅山山地两条生态涵养带，加强山地保护，有序推进废弃露天矿山生态修复，调整优化林分结构，提高林地质量，增强生态涵养和生物多样性保护能力。推进西部、中部、东部三大生态农业片区建设，协调农业生产与生态保护的关系，加强赤山湖、横塘湖、中后湖、前湖等水体保护修复。推进绿色屏障有机衔接，构建以林地、生态田园、绿色交通等为组合的生态隔离体系，防止开发边界无序扩张，维护生态安全边界，提高生态空间完整性和连通度。

（二）生产空间集约高效

以省级及以上开发区为主要载体，加强产业空间布局优化整合，推进集中集聚集约发展。依托国家级、省级经济开发区和高新区，按照"牌子就高、政策叠加、范围适当"的原则，整合相邻工业园区或以"一区多园"模式托管工业园区，有序推进省级以下"小而散"园区的清理、整合、撤销。截至2025年底，建成功能布局合理、主导产业明晰、资源集约高效、特色错位竞争、管理体制高效的开发园区体系，各园区综合实力在全省排名稳步提升。依托镇江主城和丹阳市、句容市、扬中市三个中心城区大力发展现代都市型服务业，依托工业园区和交通枢纽等大力发展生产型服务业，依托生态、文化资源大力发展现代旅游业，提升服务业集聚区发展水平，着力构建"中心引领、三区联动、四带辐射、多极增长"的现代服务业空间格局。

（三）生活空间宜居适度

强化"精明增长""紧凑城市"理念，科学实施城市空间规划建设，引导组团式发展，打造精美镇江。聚力完善老城区、南徐、丁卯、官塘和丹徒新城五大板块功能，畅通相互间便捷化交通联系，合理引导城市人口分布。加强三个县级市和重点中心镇建设，提升产业和生活服务功能。实施城市更新行动，加快棚户区和危旧房改造，开展老旧小区综合整治，完成2000年底前建成并需要改造的住宅小区整治任务，支持开展现有住宅加装电梯、建设无障碍通道等改造。利用城市空置场所、公园绿地等布局袖珍绿地广场、城市绿道、文体广场等公共设施，构建15分钟社区生活圈和便民服务"市民驿站"，积极推进省级"宜居示范居住区"建设，打造具有"镇江温度"的宜居环境。加强建筑风貌管理和文化遗产保护，严控近山和滨江建筑高度，优化城市天际轮廓线，强化建筑物立面设计管理。编制《镇江市历史文化名城保护规划》，加大西津渡、伯先路、大龙王巷等历史文化街区，各级文保单位和历史建筑的修缮保护力度，维护城市历史风貌和街巷肌理，延续好城市文脉。

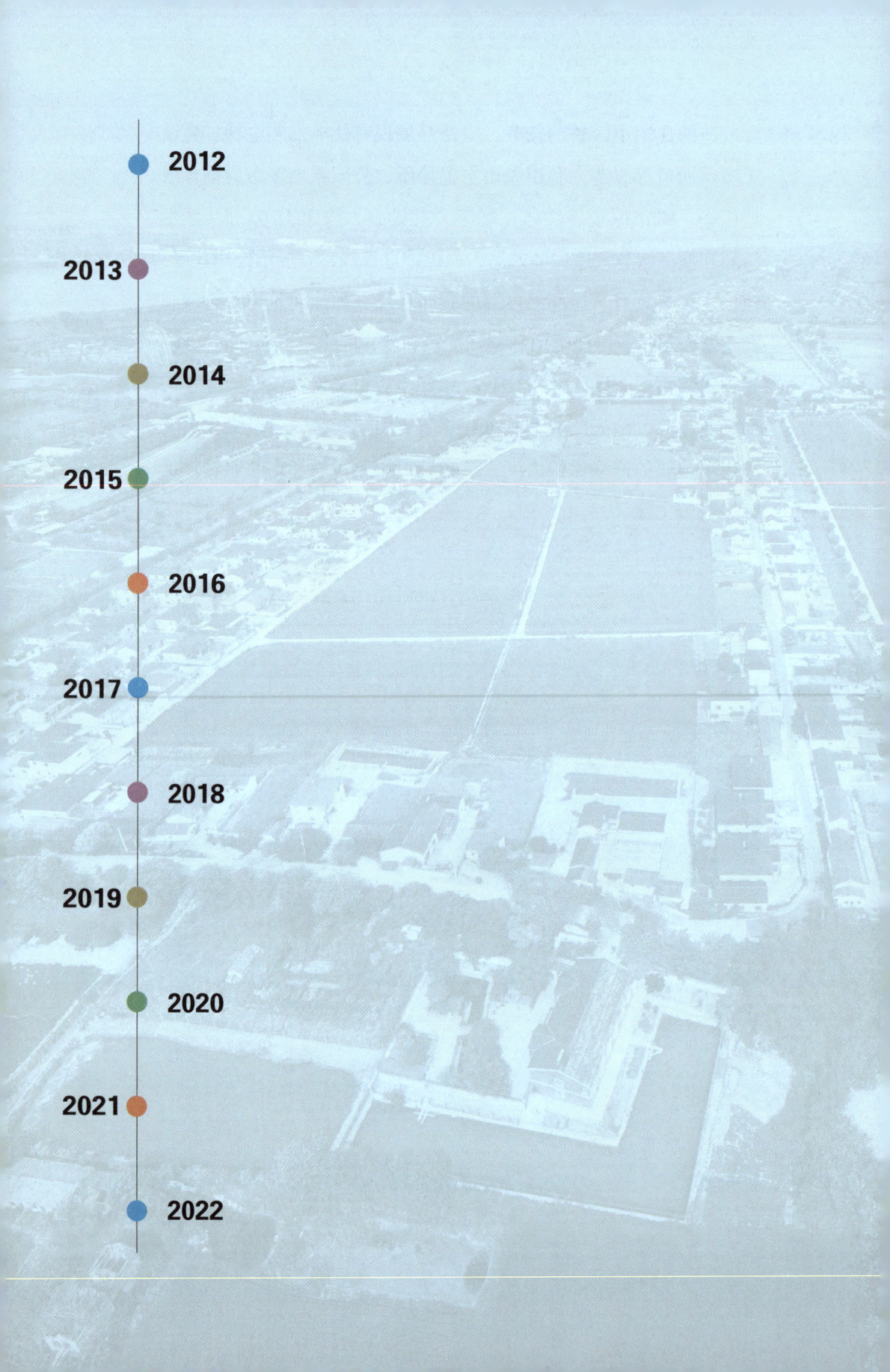

2012

2013

2014

2015

2016

2017

2018

2019

2020

2021

2022

附录　五届国际低碳（镇江）大会简述

2016 年至 2022 年，镇江在本地共举办五届国际低碳（镇江）大会，名称尽管略有差别，但都是打造低碳城市名片，并且从形式到内容不断创新务实，有效提升了镇江的国际影响力。

一、2016 镇江国际低碳技术产品交易展示会

大会以"技术创新、共享低碳"为主题，于 2016 年 11 月 28—29 日举行，由江苏省人民政府作为指导单位，国家发改委气候司、工信部节能司、国家应对气候变化战略研究和国际合作中心、清华大学、中国循环经济协会、工信部赛迪研究院作为支持单位。时任江苏省委书记李强、江苏省省长石泰峰分别考察交易展示会，时任江苏省委常委、常务副省长黄莉新，时任镇江市委书记夏锦文出席开幕式并致辞，时任联合国副秘书长、联合国 2030 年可持续发展和气候变化议程特别顾问戴维·纳巴罗通过视频致辞，时任中央财经领导小组办公室副主任杨伟民、国家发改委副主任胡祖才与会发表主旨演讲。时任省委常委、秘书长樊金龙参加现场考察。中国气候变化事务特别代表解振华发来书面致辞。国际行动理事会主席、爱尔兰前总理伯蒂·埃亨，英国驻上海总领事馆总领事吴侨文，联合国秘书长南南合作特使周一平，芬兰驻上海总领事馆总领事万伯阳先后作嘉宾演讲。前美国财政部部长、高盛前首席执行官亨利·保尔森发来祝贺信函。

大会采用"一会、一展、一路演、一发布"等多种形式。"一会"，即 1 场峰会、3 场主题论坛、3 场分论坛（并行工作坊）。"一展"，即低碳技术产品展，近 200 家低碳环保领域的知名企业、科研机构，分低碳工业、低碳交通与能源、低碳绿色建筑、低碳信息技术、循环经济、低碳服务六大板块进行了技术产品展示。"一路演"，即 12 场技术路演，围绕水安全、储能技术、绿色新区、

生态环保、工业能效、低碳城镇、清洁能源、先进制造、清洁交通、循环经济、材料科技、智能技术等方面推进合作。"一发布"，即成果发布，政府、机构、企业等3个层面发布了一批低碳发展模式、低碳技术产品创新成果。组委会还组织了镇江夜话、低碳荧光健步行、低碳生态旅游建设等考察活动。

国务院参事、国家气候变化专家委员会主任、科技部原副部长刘燕华，中国国际经济交流中心副理事长兼秘书长张大卫，工信部节能司司长高云虎，国家气候变化专家委员会副主任、清华大学原常务副校长何建坤，国家气候变化专家委员会委员、国家能源专家咨询委员会副主任周大地，美国人类生态科学院院士李百炼等嘉宾，在低碳绿色城市发展高峰论坛上分别发言。全球87家科研机构、金融机构的专家学者，以及近200家参展企业负责人出席会议。

二、2017 国际低碳（镇江）大会

　　大会以"技术创新、共享低碳"为主题，于 2017 年 9 月 26—28 日，由镇江市人民政府和联合国开发计划署共同主办。大会举办了论坛、展览、路演、发布、项目签约等 35 场形式多样、内容丰富、特色鲜明、成效明显的活动。

　　时任联合国开发计划署副国别主任何佩德，时任江苏省委副书记、常务副省长黄莉新，时任江苏省发改委主任朱晓明，中国工程院院士、中国工程院原副院长、国家气候变化专家委员会名誉主任杜祥琬，时任镇江市委书记惠建林出席并致辞。联合国副秘书长兼亚洲及太平洋经济社会委员会第十任执行秘书沙姆沙德·阿赫塔尔女士发来视频致辞。时任中国国际经济交流中心副理事长、秘书长张大卫，英国驻上海总领事馆总领事吴侨文，《联合国气候变化框架公约》秘书处尼古拉斯·斯文宁森，澳大利亚维多利亚州能源、环境与气候变化部部长丽莉·德安布罗西奥，

科技部原副部长、时任国家气候变化专家委员会主任刘燕华，国家应对气候变化战略研究和国际合作中心首任主任李俊峰，微软公司合伙人、人工智能工程院知识图总监高雨青，与会发表主旨演讲。

本次大会主要由四大板块构成，即"一会、一展、一路演、一签约"。国内外265家知名企业参加布展。大会聚集产业、技术、投融资、政府、智库等各界创新引领者，聚焦人才、项目、资本、市场的深度对接，聚合工业能效与先进制造、新能源与新材料、绿色建筑与低碳交通、环境保护与循环经济、储能技术产品与智能方案等各个领域，着力引导低碳项目投资合作、促进低碳技术转化落地、加快低碳产品推广应用，进一步推动低碳新经济全方位、多角度、深层次发展。镇江分别与联合国开发计划署（UNDP）、中美能源合作项目（ECP）、瑞士ABB集团、阿特斯、天合光能、中船重工等机构和企业，签署了9个战略合作协议，重点在低碳能源、生态环保、低碳小镇建设规划等领域开展深度合作，推动镇江低碳发展跃升新层面。

国家质检总局计量司司长谢军授予镇江市"国家低碳计量试点城市"匾牌；中国计量科学研究院院长方向授予镇江市"镇江低碳计量技术示范基地"匾牌；国家应对气候变化战略研究和国际合作中心副主任徐华清现场发布低碳发展"镇江指数"，选择以"镇江指数"来命名低碳发展指数，为衡量城市低碳发展水平提供了标尺，将"低碳发展"打造成镇江最闪亮的城市名片。

三、2018 国际低碳（镇江）大会暨江苏省生态环境高质量主题论坛

大会以"培育低碳新经济，推进发展高质量"为主题，于 2018 年 10 月 23—24 日举行，由镇江市人民政府、联合国开发计划署共同举办。设置了高峰论坛、江苏省生态环境高质量主题论坛、成果发布、"蓝天碧水·美丽家园"主题边会、"绿色港航·美丽镇江"主题边会、"春风又绿江南岸·保护长江母亲河"低碳

公益众筹活动、"路演·招商"活动以及一系列以绿色低碳为主题的群众参与活动。

　　时任生态环境部副部长庄国泰，联合国开发计划署国别主任文霭洁，时任镇江市委副书记、政法委书记倪斌，中国国际经济交流中心副理事长兼秘书长张大卫出席大会并致辞。生态环境部环境工程评估中心党委书记凌江参加开幕式。联合国原副秘书长沙姆沙德·阿赫塔尔、中国气候变化事务特别代表解振华分别发来视频致辞和大会贺信。国家气候变化专家委员会主任、国务院参事刘燕华，冰岛驻华大使古士贤，国家发改委能源研究所前任所长周大地，孚能科技研究院常务副院长江俊伟，华为智慧城市业务部总裁张延德，长城汽车欧拉出行合伙人张韫韬，马来西亚古晋南市市长曾长青，圣晖莱南京能源科技有限公司董事长高亮，建华建材集团行政总裁王刚等低碳领域知名专家、国际代表、企业代表作了主题演讲。大会发布了"低碳发展镇江指数""镇江低碳城市综合运营模式实践研究报告""江苏省地方标准《低碳城市评价指标体系》"三项成果。

四、第四届国际低碳（镇江）大会

大会以"新时代 新能源 新生活"为主题，于 2019 年 10 月 23 日举行，由镇江市人民政府、联合国开发计划署共同举办。大会设置了高峰论坛、新能源产业主题峰会、低碳试点城市经验交流会、镇江市人民政府与联合国开发计划署合作项目启动仪式、新闻发布会等议程。

时任生态环境部副部长刘华，联合国开发计划署亚太地区气候变化顾问曼努埃尔·索里亚诺，时任镇江市委书记惠建林出席会议并致辞。国家气候变化专家委员会主任、国务院参事、科技部原副部长刘燕华，中国科学院院士、阿根廷工程院院士、深部岩土力学与地下工程国家重点实验室主任何满潮，"时代楷模"、新中国成立 70 周年最美奋斗者、江苏改革开放作出突出贡献先进个人、镇江市人大常委会原副主任赵亚夫，国家战略性新兴产业发展专家咨询委员会委员、国家发改委能源研究所原所长、研究员戴彦德，乌克兰船舶科学院院士 Oleksandr Nedbailo（亚历山

大·内德贝洛），华为中国区运营商5G行业解决方案总工程师刘航，沈阳新松机器人自动化股份有限公司高级副总裁王宏玉，C40城市气候领导联盟全球区域总监Simon Hansen（西蒙·汉森），深圳市原副市长、哈尔滨工业大学（深圳）经济管理学院教授唐杰等9位嘉宾发表了演讲。

会上，国家应对气候变化战略研究和国际合作中心主任徐华清发布了"低碳发展镇江指数"。镇江市人民政府与C40城市气候领导联盟全球区域总监Simon Hansen签署《气候变化领域合作备忘录》。

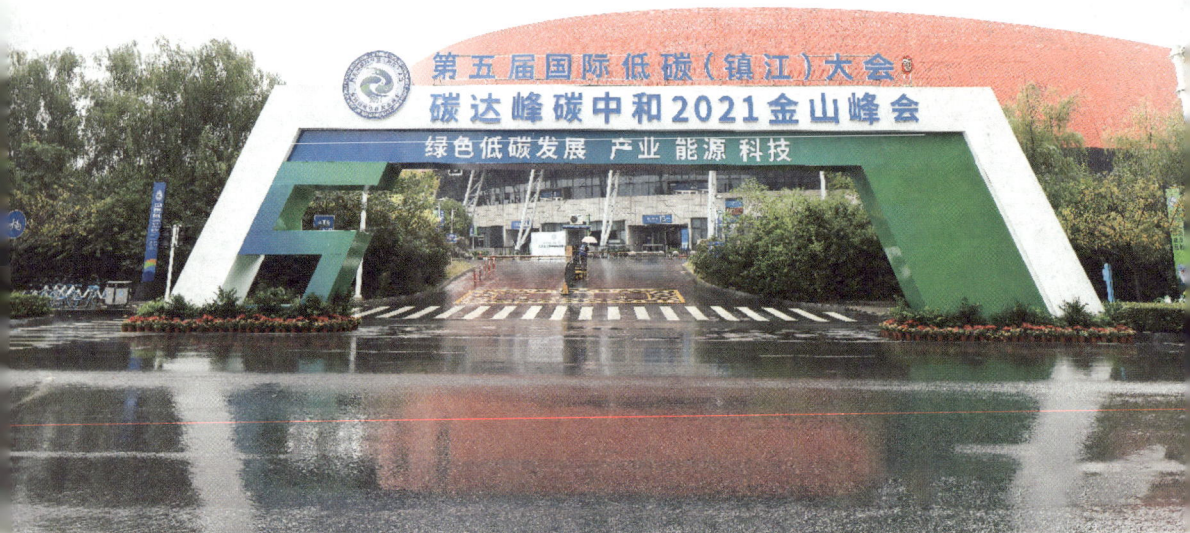

五、第五届国际低碳（镇江）大会暨碳达峰碳中和 2021 金山峰会

大会以"绿色低碳发展：产业、能源、科技"为主题，同时叠加碳达峰碳中和 2021 金山峰会，于 2021 年 10 月 15—16 日举行，采取"线上云直播"和"线下"相结合的方式，由镇江市人民政府、江苏省发展和改革委员会、江苏省生态环境厅，以及国务院发展研究中心资源与环境政策研究所联合主办，指导单位为江苏省人民政府和国务院发展研究中心，为历

届办会规格之最。大会践行习近平生态文明思想和关于碳达峰碳中和的重要论述精神，通过举办一系列重要活动，总结推广绿色低碳发展经验，展示低碳成果，促进项目合作，探索低碳转型、绿色发展新路，为实现碳达峰碳中和目标贡献"镇江智慧"和"镇江力量"。全国人大常委会副委员长、民盟中央主席丁仲礼发来贺信。中国气候变化事务特使解振华发表视频致辞。国家发展和改革委员会资源节约和环境保护司、奥地利驻上海总领事馆、德国曼海姆市发来贺函。国务院发展研究中心副主任隆国强、江苏省副省长储永宏、丹麦驻上海总领事馆总领事林朗、时任生态环

境部应对气候变化司副司长蒋兆理，镇江市委书记马明龙等嘉宾领导到场致辞。

大会包括开幕式、高峰论坛、绿色金融高端研讨会、成果发布会、项目签约仪式、展览展示、群众性创建等活动。在峰会开幕式暨高峰论坛上，国家能源投资集团有限责任公司副总经理杨吉平，国务院发展研究中心资源与环境政策研究所所长高世楫，国家应对气候变化战略研究和国际合作中心主任徐华清，中国国新控股有限责任公司总经理莫德旺，中国人民银行金融研究所副所长张蓓，上海环境能源交易所董事长赖晓明，哥伦比亚大学地球工程中心主任、财新 ESG30 人碳中和首席科学家陈曦，中国社会科学院可持续发展研究中心副主任陈迎，镇江市委副书记、市长徐曙海等嘉宾，围绕绿色低碳高质量发展，发表主旨演讲。在以金融助力"碳达峰、碳中和"为主题的绿色金融高端研讨会上，

金融专家围绕绿色金融开展交流研讨。在展馆布展上，吸引了53家全国知名企业参展，设有镇江实践、双碳科普、企业转型、绿色金融四个展区。在成果发布会和项目签约仪式上，向全球发布了盐穴储能技术、绿色技术专利研究等8项低碳成果；集中签订25个战略合作项目；12家企业代表共同发出《为实现碳达峰碳中和贡献企业力量》的"镇江倡议"，倡议全国企业、企业家践行绿色发展理念、积极参与"双碳"行动。

结束语

继往开来启新程，
扬帆起航谱新篇

历史的画卷总是在前后相继中铺展，时代的华章总是在接续奋斗中书写。我国已经开启全面建设社会主义现代化国家新征程。习近平总书记在党的二十大报告中明确，"积极稳妥推进碳达峰碳中和"，强调"实现碳达峰碳中和是一场广泛而深刻的经济社会系统性变革"，向世界传递了持续推进"双碳"工作的战略定力和坚定决心。2023年7月，习近平总书记在江苏考察时强调，"在推进中国式现代化中走在前做示范，谱写'强富美高'新江苏现代化建设新篇章"。2023年7月，习近平总书记在全国生态环境保护大会上强调，"全面推进美丽中国建设，加快推进人与自然和谐共生的现代化"。

　　实现碳达峰碳中和，是贯彻新发展理念、构建新发展格局、推动高质量发展的内在要求，是党中央作出的重大战略决策，也是镇江绿色低碳转型的现实需求。绿色发展的潮流浩浩荡荡，低碳革命的斗争如火如荼。迈上新征程，镇江市委书记马明龙表示，镇江将紧盯"3060"目标，积极借鉴新观点、新技术、新模式，围绕载体建设、技术研究、市场运作、能力提升四个重点，系统写好"减污、降碳、添绿"三篇文章，搭建低碳产业、绿色经济发展平台，把生态优势转化为发展优势，使绿水青山产生巨大效益。

　　两岸潮平阔，风正一帆悬。勤劳勇敢的镇江人民将牢记习近平总书记的指示和嘱托，奋力谱写"双碳"战略新篇章，再展唐代诗人王湾描述的"客路青山外，行舟绿水前"的美丽风景，加快让"镇江很有前途"跑进现实，为建设人类共同的地球家园不断贡献新的力量！

2023年9月

　　本书在编写过程中，得到了镇江市各有关部门、各有关单位和企业（汤帅、朱琴玉、张志锁、陈丽明、郭升荣、殷文玺、王慧啸、童满平、陈瑾、苏文静、叶艳、马天、姚斌、蒋炎、王伟、任春蕾、李友普、王晨晖、张保勤、马艳琳、王寅、何锦璇、强欣、黎林、翟茜茜、张浩、谢扬）的大力支持，镇江日报社（王呈、文雯、张斌、宋伟、石小刚、席福建、谢道韫、李斌、马镇丹、吴强、朱明、黄帅、许建全、卞恒庆、赵羽、谢戎）为本书提供了相关图片资料，在此表示衷心的感谢！同时由于水平有限，不足之处难免，敬请批评指正。